Tilo Benner

71 Übungen und Rollenspiele zur Mobbingprävention

Wertschätzung – Empathie – Kooperation

5.–10. Klasse

Tilo Benner – geboren 1969, gelernter evangelischer Pfarrer, Tätigkeit als Referent in den Bereichen Gewaltprävention / Soziales Lernen / Mediation / Mobbingprävention und -intervention sowie als pädagogischer Mitarbeiter in Sozialen Trainingskursen für straffällige Jugendliche. Hauptamtlich arbeitet er als Lehrer des regionalen Beratungs- und Förderzentrums im Auftrag der Schule für Erziehungshilfe des Lahn-Dill-Kreises sowie als Religions- und Lateinlehrer am Johanneum-Gymnasium in Herborn. Im Rahmen seiner Beratungstätigkeit führt er Mediationsgespräche, Mobbing-Interventionsgespräche und Gewaltpräventionsprojekte durch und bildet auch Schüler zu Peer-Mediatoren aus. E-Mail-Adresse: Cool-bleiben-statt-zuschlagen@gmx.de.

5. Auflage 2024

AAP Lehrerwelt GmbH
Veritaskai 3
21079 Hamburg
Telefon: +49 (0) 40325083-040
E-Mail: info@lehrerwelt.de
Geschäftsführung: Andrea Fischer, Sandra Saghbazarian
USt-ID: DE 173 77 61 42
Register: AG Hamburg HRB/126335

Autorschaft: Tilo Benner
Covergestaltung: TSA&B Werbeagentur GmbH, Hamburg
Illustrationen: Claudia Hauboldt, Christine Denk
Satz: Graph & Glyphe, Offenburg
Druck und Bindung: Korrekt Nyomdaipari Kft., Budapest

ISBN: 978-3-403-23657-3
www.persen.de

Gewidmet dem ehemaligen Schulleiter der Comenius-Schule Herborn

Charly Paul

Glücklich (zu schätzen) sind diejenigen,
die ein Herz für die Menschen haben,
denen es schlecht geht.

(Jesus von Nazareth in der Bergpredigt)

Denkt in erster Linie nicht immer an euch selbst,
sondern kümmert euch auch um andere
und steht ihnen in Notsituationen bei.

(Paulus von Tarsus in seinem Brief an die Philipper)

Danke!

An dieser Stelle möchte ich allen Mitwirkenden danken, die zum Gelingen dieses Buches auf unterschiedlichste Weise beigetragen haben:

- den Schülerinnen und Schülern aus meinem Latinumskurs im Schuljahr 2015/16, die die Mobbingsituationen für die Fotos des Materials M23 szenisch nachgestellt haben: Zehra Ada (Fotografin), Aynur Akkus, Natascha Arns, Sophie Bittermann, Finn Ole Boller, Tim Friedrich, Melissa Gerbershagen, Nicolas Göbel, Daniel Gräb, Emma Klimaschewski, Anna Lippert, Demian Löwen, Simon Schepp, Sara Schönberger, Josephine Stehr, Lena Stein, Nicole Vogel und Özlem Yildirim
- Schülerinnen und Schülern aus verschiedenen Lerngruppen und Arbeitsgemeinschaften des Johanneum-Gymnasiums und der Comenius-Schule in Herborn für die Erprobung der Spiele und Übungen
- Kristine Tromsdorf, der stellvertretenden Schulleiterin des Johanneum-Gymnasiums Herborn, für das Vorwort und die langjährige Unterstützung
- dem Persen Verlag für die engagierte Veröffentlichung meiner Bücher zur Prävention von Mobbing und Gewalt in der Schule

Tilo Benner

Teil IV: Materialien

Teil V: Mobbing-Prävention: frühzeitige Konfliktlösung durch Mediation

Teil VI: Mobbing-Intervention

Mobbing in der Schule scheint allgegenwärtig. Es gibt bei Konflikten kaum mehr Elterngespräche, in denen nicht zur Sprache kommt, dass Kinder gemobbt werden. Auch Schülerinnen und Schüler äußern in Konfliktsituationen ganz häufig, dass sie von Mobbing betroffen sind. In solchen Kontexten wird dieser Vorwurf meist sehr unspezifisch geäußert und dient manchmal dazu, das eigene – ggf. gewalttätige – Verhalten zu rechtfertigen oder gar zu entschuldigen.

Mobbing in der Schule ist eine Tatsache, die nicht wegdiskutiert werden kann – und vor allem nicht wegdiskutiert werden darf. Die Realität an Schulen zeigt, dass immer mehr Kinder und Jugendliche gemobbt werden. „Die Situation wird immer schlimmer", stellt Mechthild Schäfer, Mobbing-Expertin und Entwicklungspsychologin an der Münchner Ludwig-Maximilian-Universität besorgt fest. Ihre Untersuchungen haben ergeben, dass es Mobbing inzwischen in nahezu jeder deutschen Schulklasse gibt, unabhängig von der Schulform. Das Perfide: **Jeder und jede kann in einer Klasse Opfer von Mobbing-Attacken werden.** Diese verletzen die Würde des betroffenen Schülers bzw. der Schülerin – mit gravierenden Folgen. Es wird gezielt das Selbstwertgefühl untergraben. Schüler und Schülerinnen, die gemobbt werden, verlieren das Vertrauen in ihre eigenen Fähigkeiten. Aber Mobbing zerstört auch soziale Beziehungen in der Klasse, ein solidarisches und vor allem vertrauensvolles Interagieren ist kaum mehr möglich. Insofern ist Mobbing kein individuelles Problem, das dem betroffenen Schüler bzw. der betroffenen Schülerin zuzuschreiben ist, sondern es kennzeichnet eine krisenhafte Situation der gesamten Klasse bzw. Gruppe.

Für die Betroffenen ist es sehr schwer, sich selbst aus ihrer Situation zu befreien. Die Erfahrungen zeigen, dass in aller Regel Mobbing nur nach Intervention gestoppt wird. Leider findet diese häufig sehr spät statt, denn Mobbing geschieht versteckt, die Betroffenen haben Angst, sich an Lehrkräfte bzw. Erwachsene zu wenden, weil ihnen für diesen Fall noch Schlimmeres angedroht wird. Die Täter und Täterinnen verharmlosen ihre Attacken als „Spaß" oder bloße „Neckerei" und häufig wird ihnen geglaubt. Deswegen ist es so wichtig, dass die Mehrheit der „Zuschauer" ihre passive Haltung überwindet und Solidarität mit den Gemobbten zeigt bzw. aktiv Hilfe und Unterstützung sucht.

Dies gilt im Allgemeinen auch für das Johanneum. Auch hier gibt es Mobbing, immer häufiger als Cyber-Mobbing, dem ein betroffenes Kind gar nicht mehr ausweichen kann, weil es rund um die Uhr zur Zielschiebe von Hohn und Spott werden kann. Als Schule ist uns wichtig, sich diesen Herausforderungen zu stellen:

Damit Mobbing-Fälle lösungsorientiert bearbeitet werden können, ist ein vertrauensvolles Lehrer-Schüler-Verhältnis unerlässlich, ein wertschätzender Umgang miteinander in der Schule ist grundsätzlich notwendig. Dies gilt für jedes Mitglied der Schulgemeinde. Ein wertschätzender Umgang fördert ein Klima des Vertrauens in der Schule und macht Mobbing unwahrscheinlicher.

Gleichzeitig streben wir an, dass Lehrerinnen und Lehrer sich zuverlässig und vertrauensvoll um die Probleme ihrer Schülerinnen und Schüler kümmern, indem sie z. B. zeigen, dass sie auf die Einhaltung der Regeln achten, die Opfer ernst nehmen und zu schützen versuchen, ernstgemeinte Lösungsversuche mit Opfern, Tätern und Eltern starten. Wesentlich ist aber auch eine Professionalisierung. Im hektischen Schulalltag ist es nicht möglich, dass jede einzelne Lehrkraft die auftretenden Mobbing-Fälle bearbeitet. Wesentlich ist, dass sie erkannt werden, die Bearbeitung dann in die Hände von Experten gelegt wird.

Zu diesen Experten zählt der Autor des vorliegenden Buchs. Er verfügt über eine langjährige Erfahrung in der Bearbeitung von Konflikten in der Schule und ist am Johanneum der Ansprechpartner für Mobbing-Fälle. Zu seinen Aufgaben gehört nicht nur die Bearbeitung aktueller Fälle, sondern auch die Fortbildung von Kolleginnen und Kollegen sowie die Mitarbeit bei der Gestaltung von Rahmenbedingungen, die Mobbing unwahrscheinlicher machen. Vor diesem Hintergrund ist das Buch entstanden. Es bietet Ihnen wertvolle Hilfe aus der schulischen Praxis des ausgewiesenen Mobbing-Experten Tilo Benner.

Kristine Tromsdorf

stv. Schulleiterin Johanneum-Gymnasium Herborn

1 | Ein Fallbeispiel

Dass auch ihre beste Freundin Lisa sich noch von ihr abwenden würde, damit hatte Angelina nicht gerechnet. Schon seit Wochen wurde Angelina von Zoe und ihrer Clique täglich in der Schule gehänselt.

Zwischen Zoe und ihr hatte es schon in der Grundschule immer wieder Streitereien gegeben. Zwei Jahre hatten sie nichts miteinander zu tun, weil sie in verschiedene Klassen gegangen waren. In der neu zusammengesetzten siebten Jahrgangsstufe waren sie aber wieder in eine Klasse eingeteilt worden. Schon in der ersten Woche hatte Zoe ihr abfällige Bemerkungen gemacht. Zoe hatte schnell weitere Mitschülerinnen auf ihre Seite gezogen, die sich an den Aktionen gegen Angelina beteiligten.

Anfangs wurde sie beleidigt mit Worten wie: „Ach, da kommt ja die hässliche Brillenschlange." Oder: „Du bist ja so hässlich. Du hast bestimmt noch eine Schwester. Eine allein kann ja gar nicht so hässlich sein." Jeden Morgen solch diffamierende Kommentare anhören zu müssen, war ziemlich verletzend und nagte so sehr an ihrem Selbstwertgefühl, dass sie selbst nichts Schönes mehr an sich sah. Die Mobbing-Aktionen bekam sie besonders in den Pausen zu spüren. Angelina wurde ausgegrenzt, indem Zoe und die Mädchen sich demonstrativ wegdrehten, wenn sie auf die Gruppe zukam. Wenn Angelina etwas fragte oder einfach „Hallo" sagte, wurde sie einfach ignoriert. Im Unterricht kam es dazu, dass die Mädchen ihrer Klasse sich weigerten, mit ihr zusammenzuarbeiten und dem Lehrer sagten, dass sie sich nicht bei Gruppenarbeiten einbringe und nur die anderen arbeiten lasse. Demütigende Gesten wie Kopfschütteln oder Grinsen während des Unterrichts führten dazu, dass Angelina sich so gut wie nicht mehr beteiligte, was natürlich zur Folge hatte, dass sich ihre mündlichen Noten im Vergleich zum Vorjahr sehr verschlechterten.

In dieser schwierigen Zeit hatte Lisa, mit der sie sich in den letzten beiden Jahren angefreundet hatte, zu ihr gestanden und ihr zu helfen versucht. Gestern Abend aber hatte sie Angelina in einem Chat geschrieben, dass sie das nicht mehr könne und wolle. Zoe habe ihr deutlich gesagt, dass sie sich entscheiden müsse, auf welcher Seite sie stehe. Sie habe einfach Angst, auch in diesen Strudel von Schikanen und Demütigungen zu geraten. Angelina war völlig aufgelöst und verstört. Ohne die Hilfe und den Zuspruch von Lisa würde sie das alles nicht mehr aushalten. Sie weinte die ganze Nacht und tat kein Auge zu. Als am nächsten Morgen ihre Mutter ins Zimmer kam, gab sie vor, krank zu sein und nicht zur Schule gehen zu können. Sie wusste einfach nicht mehr, wie es weitergehen und wie sie das alles aushalten sollte. Am liebsten würde sie die Schule verlassen und ganz weit wegziehen, um endlich in Ruhe gelassen zu werden.

2 | Mobbing in der Schule

Die geschilderte Situation von Angelina ist leider kein Einzelfall. Mobbing ist in unserer Gesellschaft und gerade in der Schule weitverbreitet. Mobbing ist ein Problemfeld, dem sich Schule immer mehr durch Prävention und Intervention stellen muss. Im Durchschnitt ist einer von 25 Schülern[1] von Mobbing-Attacken betroffen. Dies bedeutet, dass es statistisch gesehen durchschnittlich in fast jeder Klasse zu Mobbing-Übergriffen kommt. Hinsichtlich des sogenannten Cyber-Mobbings, das virtuell in Chaträumen und sozialen Netzwerken passiert, sind die statistischen Werte alarmierend. Denn an 80 Prozent der Cyber-Mobbing-Fälle sind Mitschüler beteiligt. Die Diffamierungen und psychischen Verletzungen finden zwar oft außerhalb der Unterrichts- bzw. Schulzeit statt, doch bleibt das Phänomen des Cyber-Mobbings ein schulisches Problemfeld, weil es durch die Peergroup im schulischen Umfeld verantwortet wird. Besonders auffällig sind in den sechsten und siebten Jahrgangsstufen Mobbing-Handlungen

1 Zugunsten der Lesbarkeit wird in den Texten in der Regel die männliche Form wie z. B. Lehrer und Schüler gebraucht. Selbstverständlich sind auch Lehrerinnen und Schülerinnen gemeint.

zu verzeichnen, was wohl daran liegen dürfte, dass die Jugendlichen zu Anfang der Pubertät ihre eigene Rolle und Position oft im Vergleich und im Verhältnis zu ihren Mitschülern finden müssen.

Die Ursache dafür, dass Mobbing-Handlungen gerade im System Schule auftreten, liegt u. a. in der „Zwangsgemeinschaft Schule" begründet, der sich Mobbingbetroffene nur schwer entziehen können. In freiwilligen Zusammenkünften wie Jugendtreffs oder Vereinen kommt ausgeprägtes Mobbing nicht so oft vor, weil der Mobbingbetroffene sich relativ schnell von dieser Gruppe entfernen kann bzw. entfernt, um sich vor den Attacken zu schützen. In der Schule ist ein Mobbingopfer auf längere Zeit seinen Peinigern ausgeliefert, weil es dort kaum Rückzugsmöglichkeiten gibt. Der Wechsel in eine andere Klasse oder Schule ist auch nicht so schnell umsetzbar wie beispielsweise das Fernbleiben von einem Fußballverein oder einem außerschulischen Jugendtreff.

Ein weiterer Grund für Mobbing unter Jugendlichen liegt auch darin, dass demütigendes und diffamierendes Verhalten die Lebens- und Erfahrungswelt von Jugendlichen bestimmt. Jugendliche werden durch einschlägige Medien und TV-Vorbilder in Bezug auf die Bedürfnisse und die Verletzlichkeit ihrer Mitmenschen desensibilisiert. Erniedrigendes und verletzendes Verhalten wird vorgelebt, als normal empfunden und – bewusst oder unbewusst – nachgeahmt, was fatale Folgen im Umgang miteinander nach sich ziehen kann.

Zu beobachten ist, dass meistens geschlechtshomogen gemobbt wird, das heißt, Jungen mobben in der Regel Jungen und Mädchen Mädchen. Sollten Mobbing-Handlungen bereits geschlechtsübergreifend erfolgen, ist dies ein Indiz dafür, dass sich die Mobbing-Handlungen bereits in einem fortgeschrittenen Stadium befinden.

Später in der Berufswelt kommt es ebenfalls zu Mobbing-Handlungen, denn auch dort bestehen die Systeme aus Zwangsgemeinschaften. Die Ellenbogenmentalität führt beispielsweise dazu, dass man potenzielle Konkurrenten mithilfe von Mobbing aus dem Weg räumt oder dass man Kollegen zur Aufwertung des eigenen Egos drangsaliert.

3 | Zum Begriff „Mobbing"

In der Schule hört man immer wieder Eltern darüber sprechen, dass ihr Kind von anderen „gemobbt" werde. Und auch Schüler sehen sich oft als Mobbingopfer. Doch ist das, was als „Mobbing" wahrgenommen wird, nicht immer gleich Mobbing. Einmalige Angelegenheiten, in denen z. B. eine Person von einer anderen beleidigt wird, sind noch kein Mobbing. Auch ein einfacher Streit oder Meinungsverschiedenheiten zwischen zwei Personen sind noch nicht als Mobbing zu bezeichnen, da bei Mobbing immer ein ganzes System, also mehrere Personen beteiligt sind. Mobbing liegt dann vor, wenn ein und dieselbe Person wiederholt und über einen längeren Zeitraum mit Absicht von anderen gedemütigt und fertiggemacht wird. Dabei ist das Verhältnis zwischen den Mobbing-Akteuren auf der einen Seite und dem Mobbingbetroffenen auf der anderen Seite durch ein extremes Machtgefälle und andauernden Machtmissbrauch gekennzeichnet. Dies hat zwangsläufig die Ohnmacht des Opfers zur Folge, das sich aus eigener Kraft kaum aus seiner misslichen Lage erlösen kann. Die Täter haben in diesem Setting oft keinerlei Interesse an konstruktiven Lösungen, da sie ihren Vorteil wie z. B. das Erleben von Macht und Anerkennung nicht gefährden wollen. Mobbing-Handlungen im schulischen System sind oft verdeckt, finden also meist außerhalb der direkten Unterrichtszeit statt. Diese sind somit zwar für die Mitschüler sichtbar, aber für die Lehrkräfte oft nicht direkt zu erkennen. Dies hat oft zur Folge, dass Lehrkräfte aufgrund ihrer Unkenntnis der vorliegenden Mobbing-Situation nicht zielführend intervenieren können und sogar noch durch ihr Verhalten, wenn auch unbewusst, die Lage des Mobbingbetroffenen verschärfen können, wenn sie, wie in dem Fallbeispiel von Angelina, das Opfer selbst zurechtweisen würden, sich bei Gruppenarbeiten besser zu beteiligen.

Bei Mobbing-Handlungen machen die Täter den Mobbingbetroffenen das Leben schwer, indem sie diese systematisch herabwürdigen, kränken und schikanieren. Dies kann jede Art gewalttätigen Handelns enthalten:

- nonverbale Gewalt (abfällige und diffamierende Gestik oder Mimik)
- verbale Gewalt (Beleidigungen oder Drohungen)
- physische Gewalt (Schlagen, Boxen oder Treten)
- psychische Gewalt (Ausgrenzung, Angriff auf die Persönlichkeit)
- Gewalt gegen Eigentum (Sachbeschädigungen oder Verstecken von Gegenständen)

Merkmale von Mobbing:

verdeckte Aktionen	Gruppenphänomen	gewalttätiges Handeln
keine Lösungsorientierung der Akteure		systematische Erniedrigung und Schikane
Ohnmacht der Betroffenen	Kontinuität gegen dieselbe Person	wiederholende und dauerhafte Handlungen

4 | Phasen des Mobbings

Mobbing ist kein plötzlich auftretendes Phänomen, sondern entwickelt sich in mehreren Stufen. Ausgehend von einem anfänglichen Konflikt kann sich dieser Prozess bis zum Ausschluss der Person aus der Gruppe entwickeln.

Phase 1: Konflikt

Am Anfang des Mobbingprozesses steht meistens ein Konflikt. Dieser kann aufgrund ganz normaler Ursachen (Meinungsverschiedenheiten, persönliche Enttäuschungen) angefangen haben. Es ist aber auch möglich, dass Personen, die gezielt andere fertigmachen wollen, einen Konflikt inszenieren, um sozusagen eine Rechtfertigung für ihr weiteres Vorgehen zu haben.

Mögliche Gegenmaßnahmen: Wenn ein Konflikt durch Lehrkräfte nicht beachtet wird oder unbearbeitet bleibt, kann dieser sich zu Mobbing weiterentwickeln. Daher ist es wichtig, bestehende Konflikte intervenierend mithilfe eines ***Mediationsverfahrens*** konstruktiv zu lösen. Sinnvoll ist es natürlich, noch viel früher präventiv anzusetzen. Zu Anfang des Schuljahrs im Gruppenfindungsprozess einer Klasse könnten ***konstruktive Konfliktlösungsstrategien*** mit der Schülergruppe besprochen und eingeübt werden. Diese müssen in gewissen Abständen wiederholt werden, damit sie im Bewusstsein der Schüler bleiben, um im Alltag praktiziert zu werden.

Phase 2: Anfängliche Mobbing-Handlungen im Mobbing unterstützenden System

Der Täter lotet aus, an welcher Stelle das Opfer eine Angriffsfläche bietet, um es gezielt treffen und fertigmachen zu können. Dazu sucht er sich Verbündete, die ihn bei seinem Vorhaben unterstützen. Die gemeinsamen Aktionen gegen das Opfer stärken auch den Zusammenhalt und das Zusammengehörigkeitsgefühl der Tätergruppe. Der Mobbingbetroffene gerät immer mehr unter Beschuss – auch für andere in der Klasse sichtbar.

Mögliche Gegenmaßnahmen: Entscheidend für den weiteren Prozess ist es, wie sich die Mitschüler verhalten, die nicht aktiv an den Mobbing-Handlungen der Täter beteiligt sind. Wenn sie nur passiv zuschauen, ermöglichen und unterstützen sie indirekt die Mobbingsituation. Wenn sie aber ***Zivilcourage*** zeigen, sich aktiv auf die Seite des Opfers stellen und den Mobbingtätern die Stirn bieten, können sie den Mobbingprozess stoppen. Leider schrecken aber viele davor zurück, sich für den Mobbingbetroffenen einzusetzen, weil sie befürchten, anschließend selbst Opfer der Mobbing-Attacken werden zu können. Zivilcourage bei Schülern kann man nicht einfach voraussetzen, sondern muss auch präventiv und regelmäßig mit den Schülern thematisiert und eingeübt werden, damit es im Ernstfall umgesetzt werden kann. Sollte die Lehrkraft von den Mobbing-Handlungen erfahren, bietet sich als Interventionsmöglichkeit die Methode ***„No Blame Approach“*** an, um die Handlungen gegen das Opfer zu beenden.

Phase 3: Destruktive Mobbing-Handlungen

Die Mobbing-Attacken nehmen zu und werden gemeiner und destruktiver. Beim Opfer tritt ein negativer Gewöhnungseffekt ein, wodurch es seine missliche Lage als selbst verschuldet ansieht. Der Mobbingbetroffene hat keine Chance mehr, sich selbst aus seinem Zustand zu befreien und ist somit auf Hilfe von außen angewiesen. Ohne bewusste Intervention durch Mitschüler oder Lehrer wird die Situation für das Opfer nicht besser. Denn Mobbing hört nicht einfach auf!

Mögliche Gegenmaßnahmen: Als Intervention bieten sich auf der einen Seite der ***couragierte Einsatz der Mitschüler*** für den Mobbingbetroffenen an, wobei dies natürlich bei Voranschreiten des Mobbingprozesses immer schwieriger wird, und auf der anderen Seite die Durchführung der Methode ***„No Blame Approach“*** oder der ***„Farsta-Methode“*** durch eine Lehrkraft. Schulrechtliche ***Ordnungsmaßnahmen*** oder auch eine ***Strafanzeige*** bei der Polizei können an dieser Stelle zielführend sein, wenn die Täter nach erfolgter No Blame Approach-Intervention ihre Handlungen nicht einstellen. Die Täter werden ohne eine Intervention ihre Handlungen nicht einstellen, weil sie von der Mobbingsituation am meisten (aufgrund Erfahrung von Macht) profitieren.

Phase 4: Flucht des Mobbingbetroffenen

Das Mobbingopfer versucht, den Tätern und deren Attacken aus dem Weg zu gehen. Die Teilhabe an der Gruppe oder Klasse, in der die Mobbing-Akteure das Geschehen dominieren, ist für den Mobbingbetroffenen unerträglich geworden. Das Opfer zieht sich zurück, bleibt am liebsten zu Hause (oft unter der Vorgabe, krank zu sein) und will am liebsten gar nicht mehr in die Schule gehen. Dessen Selbstbewusstsein und Persönlichkeit sind stark verletzt und beschädigt. Die Mobbingbetroffenen wollen nur noch weg von der Schule, in der sie die schlimmen Erfahrungen machen.

Mögliche Gegenmaßnahmen: Die Schule bzw. Eltern können in dieser Phase ***die Interventionsmöglichkeiten*** wie in den ***Phasen zuvor*** durchführen, wobei die Erfolgsaussichten geringer als in den vorherigen Phasen sind. Von vielen Mobbingbetroffenen wird ein Schulwechsel in Betracht gezogen und auch vollzogen. Damit ist die Hoffnung verbunden, endlich Ruhe zu haben und noch einmal mit einer neuen Chance von vorne beginnen zu können. Die Erfahrung zeigt aber, dass für das Opfer die Gefahr besteht, in dem neuen System aufgrund seines mangelnden Selbstwertgefühls und seiner angeschlagenen Persönlichkeit erneut Opfer von Mobbing-Attacken zu werden. Daher ist es ratsam, Beratung (durch ***Beratungsstellen*** oder ***Psychologen***) in Anspruch zu nehmen.

Mobbing ist immer ein Prozess, den es frühzeitig zu erkennen und durch Interventionsmaßnahmen wie Mediationsgepräche, No Blame Approach oder Farsta-Methode zu stoppen gilt.

5 | Mobbing-Prävention in der Schule

Mobbing-Prävention kann nur dann wirksam sein, wenn sie auf den verschiedenen Ebenen in der Schule thematisiert und umgesetzt wird.

5.1 Mobbing-Prävention auf der allgemeinen Schulebene

Die Schulgemeinde als Ganzes mit ihren verschiedenen Gremien wie Schulkonferenz, Gesamtkonferenz, Schulleitung, Elternbeiräte und Schülervertretung sollten in das Konzept der Mobbing-Prävention einbezogen und für eine klare Haltung gegen das Mobbing gewonnen werden. Diese Haltung sollte sich wie beispielsweise im Leitbild der Comenius-Schule Herborn in der Schulordnung und in der Schulvereinbarung (siehe S. 12) wiederfinden.

Erfolg versprechend ist die Behandlung des Themas „Mobbing“ an einem pädagogischen Tag, der anschließend in die Arbeit einer Projektgruppe münden kann, die konzeptionell an dem Thema weiterarbeitet, Angebote und Maßnahmen für die gesamte Schulgemeinde entwickelt und durchführt (Fortbildungen, Elternabende, Bausteine zur Mobbing-Prävention, Durchführung der No Blame Approach-Methode bzw. der Farsta-Methode).

Das Leitbild der Comenius-Schule Herborn, Mittelstufenschule im Lahn-Dill-Kreis:

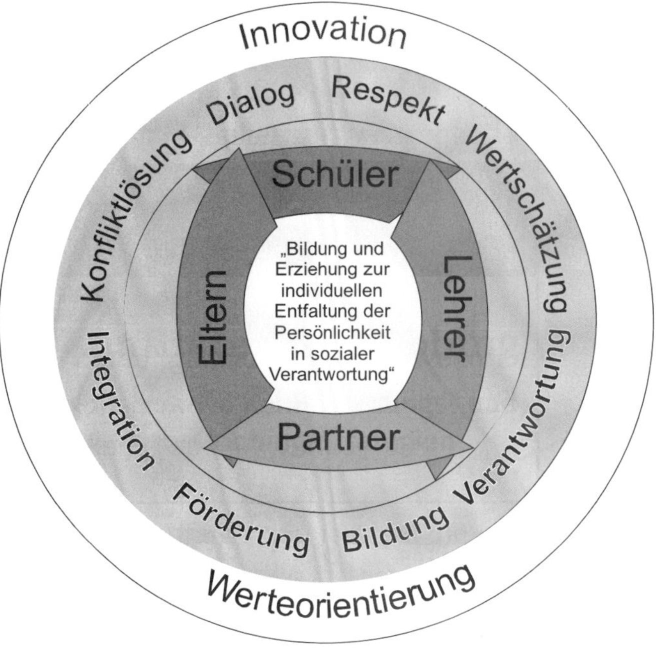

Beispiel aus der Praxis (Real- und Hauptschule): Auszug aus einer Schulvereinbarung

Wir, Lehrerinnen und Lehrer, Schülerinnen und Schüler, Eltern und Erziehungsberechtigte, wollen, dass unsere Schule ein Ort ist, an dem wir uns gerne aufhalten und an dem sinnvoll gelernt und unterrichtet werden kann. Deshalb verhalten wir uns respektvoll, freundlich, hilfsbereit, verantwortlich und gewaltfrei und verneinen Gewalt und Mobbing. Dieses Ziel können wir nur gemeinsam erreichen!

Lehrerinnen und Lehrer	Schülerinnen und Schüler	Eltern/Erziehungsberechtigte
• Ich bin Vorbild im höflichen Benehmen und respektvollen Umgang mit den Schülerinnen und Schülern. • Ich helfe Schülerinnen und Schülern dabei, gewaltfrei miteinander umzugehen und Konflikte friedlich zu lösen. • Ich würdige die Stärken der Schülerinnen und Schüler. • Ich fördere Schülerinnen und Schüler entsprechend ihrer Fähigkeiten und Möglichkeiten mit besten Kräften. • ...	• Ich begegne meinen Mitschülerinnen und Mitschülern und allen in der Schule tätigen Personen höflich, freundlich und respektvoll. • Ich verzichte auf jede Art von Gewalt und Mobbing. • Ich behandle das Schuleigentum und das Eigentum anderer sorgsam und pfleglich. • Ich achte das Recht aller auf einen störungsfreien Unterricht. • ...	• Ich fördere bei meinem Kind eine positive Grundhaltung zur Schule. • Ich halte mein Kind zu respektvollem und höflichem Verhalten gegenüber jedem Menschen an. • ...

Ort	Schulleitung	Schüler/in
Datum	Klassenlehrerin	Eltern(-teil) Erziehungsberechtigte/r

Regelverstöße gegen die Schulordnung bzw. die Schulvereinbarung sind je nach Schwere des Vergehens angemessen zu ahnden. Hierbei sollte aber auf eine zeitnahe und konsequente Sanktionierung geachtet werden.

Ein ansprechend gestaltetes, sauberes Schulgebäude und ein gut ausgestatteter Schulhof (mit Spielgeräten zum Ausleihen, Raum für sportliche Betätigung und zum Spielen) sowie eine vermehrte Lehrerpräsenz in den Pausen vermindern Mobbing-Handlungen. Auch der Einsatz von Bus-Scouts in den Schulbussen ist eine sinnvolle Anti-Mobbing-Maßnahme.

Entsprechende Beratungsangebote (durch Vertrauenslehrer, Schulsozialarbeit, Beratungs- und Förderlehrer) sind für Schüler in Problemlagen (bei Konflikten, Mobbing) wichtige Anlaufstellen, wo sie Unterstützung und Hilfestellung erhalten können.

Die beratenden Personen sollten über Kompetenzen im Mediationsverfahren (siehe Teil V) und in Mobbing-Interventionsmethoden (z. B. No Blame Approach und Farsta, siehe Teil VI) verfügen.

5.2. Mobbing-Prävention in der Klasse

Die Lehrkräfte, insbesondere der Klassenlehrer, achten darauf, dass in der Klasse ein gutes Lern- und Sozialklima herrscht. Die Lehrkräfte sind sich bewusst, dass sie Vorbilder sind und ihr Verhalten von Schülern wahrgenommen wird. Daher sollte das Verhalten der Lehrkräfte von Respekt, Freundlichkeit und Wertschätzung gegenüber jedem Schüler geprägt sein.

Der Lehrer zeigt seinen Schülern, dass sie ihm wichtig sind und er Interesse an ihrem Lernstand und ihrer Befindlichkeit hat. Dies bedeutet nicht, dass das Fehlverhalten eines Schülers einfach übergangen werden soll. Es gilt aber zwischen Person und dem Verhalten zu unterscheiden und trotz der geäußerten Kritik des Verhaltens die Person mit Respekt zu behandeln.

Wenige verständliche Regeln in Bezug auf das erwartete Arbeits- und Sozialverhalten geben den Schülern Orientierung und schaffen eine gemeinsam verantwortete Grundlage für das Miteinander in der Klasse und das Unterrichtsgeschehen. Wenn eine Regel nicht eingehalten wird, sollte die Regelwidrigkeit zeitnah in einem persönlichen Gespräch mit dem betreffenden Schüler thematisiert und in angemessener Weise sanktioniert werden. Die vereinbarten Regeln sollten in regelmäßigen Abständen evaluiert, auf ihre Aktualität hin überprüft und gegebenenfalls der neuen Situation entsprechend angepasst werden.

Um einer Cliquenbildung entgegenzuwirken, kann die Sitzordnung in regelmäßigen Abständen so verändert werden, dass sich immer wieder neue Konstellationen von Sitznachbarn ergeben. Auf der anderen Seite kann eine veränderte Sitzordnung auch zu Unmut und Demotivation bei Schülern führen, weil diese aus ihrem gewohnten Umfeld gerissen werden. Hier sind also sehr viel Fingerspitzengefühl und Austausch mit der Klasse gefragt.

Kooperative Lernmethoden unterstützen auch den Prozess, dass die Schüler sich gegenseitig unterstützen lernen und Verantwortung füreinander übernehmen. Ich habe zum Beispiel gute Erfahrungen gemacht, wenn schwächere und stärkere Schüler in Partnerarbeit zusammengearbeitet haben und die stärkeren Schüler den schwächeren die Unterrichtsinhalte nochmals erklärt und diesen in Bezug auf den Lernstoff geholfen haben.

Förderlich sind zudem regelmäßige Klassenlehrerstunden, in denen Klassenangelegenheiten besprochen und soziale Trainingsbausteine durchgeführt werden können. Um einen Einblick in das aktuelle Klassenklima zu gewinnen, kann der Klassenlehrer auch den **Fragebogen zur Klassensituation (M1)** einsetzen und anonym von jedem Schüler ausfüllen lassen. Der Fragebogen gibt der Lehrkraft Aufschluss darüber, welche Probleme momentan in der Klasse vorhanden sind und ob einzelne Schüler am Rande der Klassengemeinschaft stehen. Dies bietet eine gute Grundlage für gezielte Maßnahmen, um vorhandenen Problemen entgegenzuwirken.

Der Einsatz eines Kummerkastens, in dem die Schüler ihre Anliegen und Probleme einwerfen können, und eines Klassenrates, in dem gemeinsam Klassenprobleme erörtert und Lösungen entwickelt werden, fördern eine Kultur, Probleme nicht einfach als individuelle Angelegenheiten beiseitezuschieben, sondern als eine Aufgabe der ganzen Klasse aufzufassen, für deren Lösungen sich alle verantwortlich fühlen.

Gesellige Klassenfeiern, bei der Klassenlehrer selbstverständlich anwesend sein sollten, Ausflugsfahrten und auch mehrtägige Aufenthalte mit einer sozialen Schwerpunktsetzung an einem außerschulischen Lernort, können die Klassengemeinschaft und auch die Schüler-Lehrer-Beziehung stärken.

1 | Beteiligte

Bei Mobbing-Handlungen im schulischen Kontext ist der Mobbingbetroffene Ziel der Attacken des Mobbing-Akteurs, der durch seine Mitläufer aktiv und durch Verstärker indirekt unterstützt wird. Auf der Seite des Mobbingbetroffenen stehen Verteidiger, die mehr oder weniger versuchen, dem Opfer zu helfen. Zuschauer schauen dem Treiben des Mobbing-Akteurs passiv zu und ermöglichen dadurch Mobbing. Lehrer und Eltern des Mobbingbetroffenen gehören nicht zum inneren Kreis des Mobbing-Systems, können aber durch ihr Verhalten Mobbing aktiv bekämpfen oder auch ungewollt Vorschub leisten.

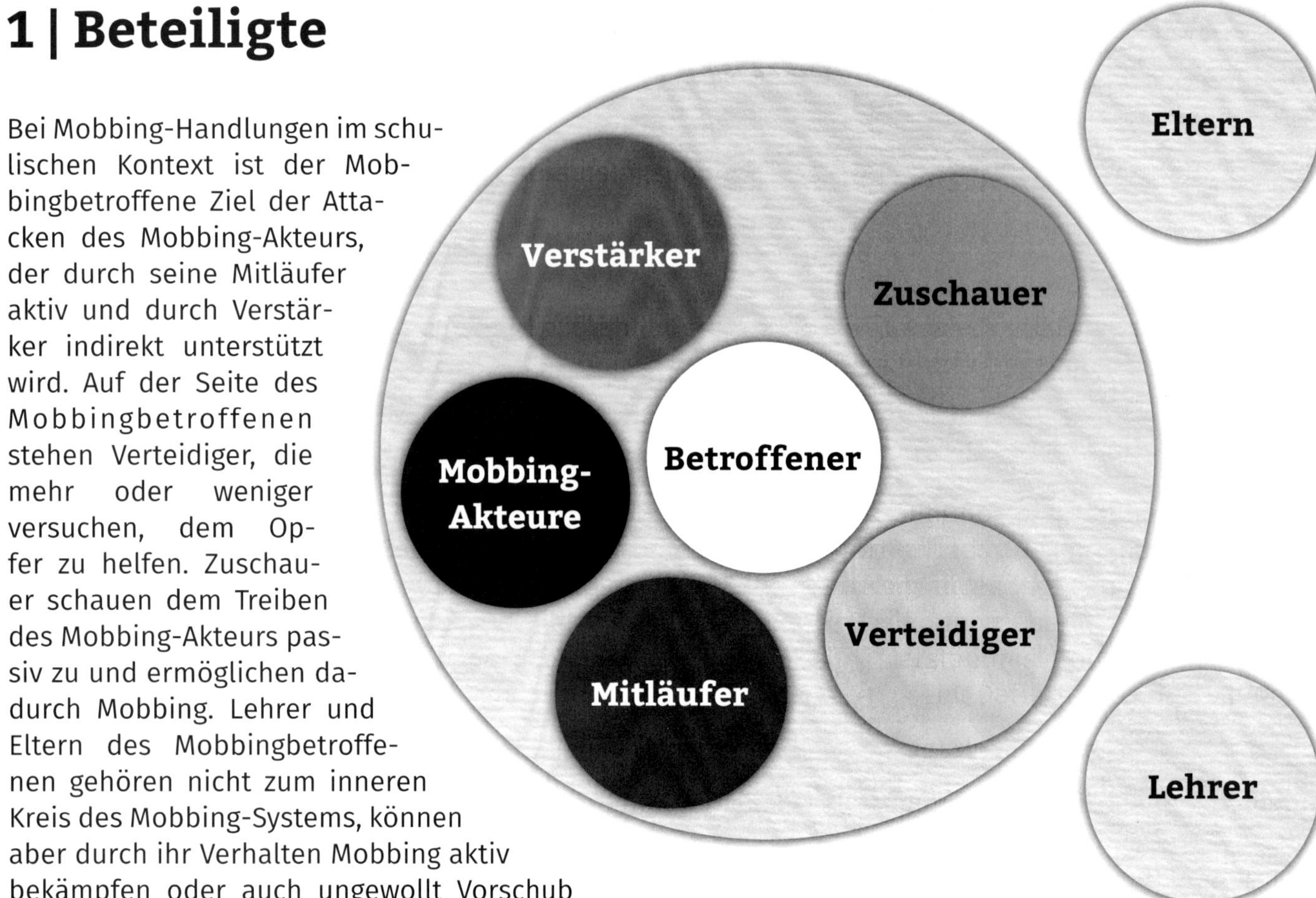

2 | Mobbing-Akteure

Wenn Schüler in einer Klasse beginnen, einen Mitschüler zu mobben, liegt dies primär daran, dass sie Macht (über das Opfer) und Anerkennung (bei den übrigen Mitschülern) erfahren wollen. Um ihre Ziele zu erreichen, zwingen sie auch andere in der Klasse, sie in ihrer Mobbingabsicht zu unterstützen oder zumindest jegliche Art von Hilfeleistungen gegenüber dem Mobbingbetroffenen zu unterlassen. Ihre Bemühungen sind oft erfolgreich, weil sie innerhalb des Klassenverbundes über eine hohe Anerkennung verfügen und eine einflussreiche Position einnehmen.

2.1 Mögliche Handlungen der Mobbing-Akteure

Um ihr Vorhaben um- und durchzusetzen, schrecken die Mobbing-Akteure oft gewissenlos vor nichts zurück. Alle möglichen Register destruktiver Maßnahmen werden gezogen, um das Opfer zu schikanieren, auszugrenzen und auszunutzen. Psychische Attacken sind beispielsweise, das Opfer durch abwertende Aussagen zu diffamieren, zu beleidigen, unter Druck zu setzen und lächerlich zu machen, von Gruppenaktivitäten auszuschließen, aufgrund von angeblich unangemessenem Verhalten zu beschuldigen oder auch mit Gewaltandrohung zu tyrannisieren. Plattformen für diese Attacken sind einerseits die direkte Begegnung in der Schule und auf dem Schulweg oder andererseits die Kommunikationsmedien in Form von Smartphone oder Computer mit ihren vielfältigen Kommunikationsmöglichkeiten im Internet wie zum Beispiel Chats.

2.2 Beliebte Angriffe auf die Mobbingbetroffenen sind:

Nonverbale Attacken
Auf der nonverbalen Ebene werden Handlungen des Opfers verächtlich mittels Gestik und Mimik nachgeäfft. Wenn das Opfer sich im Unterricht meldet und etwas sagt, verdrehen die Mobbing-Akteure die Augen oder lachen bzw. schütteln den Kopf bei falschen Unterrichtsbeiträgen, sodass das Opfer es bemerkt. Oft sind die Attacken so subtil, dass die Lehrkräfte kaum etwas davon mitbekommen.

Diffamierende Angriffe auf die Persönlichkeit
Es werden Unwahrheiten über das Opfer verbreitetet, um es in ein schlechtes Licht zu stellen. Peinliche, teilweise durch Fotomontagen bearbeitete Fotos des Opfers oder Filmsequenzen, welche das Opfer in heiklen Situationen zeigen, werden für alle zugänglich ins Netz gestellt.

Körperliche Angriffe
Dazu zählt, dem Opfer ein Bein zu stellen, das Opfer anzurempeln oder zu schubsen, auf dem Nachhauseweg zu jagen, mit Papierkügelchen zu beschießen, mit Sachen zu bewerfen, mit der Hand oder mit der Faust zu schlagen, mit mehreren zu verprügeln und vieles mehr.

Angriffe auf den sozialen Ausschluss des Opfers
Dem Opfer soll deutlich gemacht werden, dass es nicht mehr zur Klassengemeinschaft gehört, indem es von den Mobbing-Akteuren und deren Sympathisanten ignoriert, abgelehnt und ausgegrenzt wird. Auch die übrigen Mitschüler werden oft unter Druck gesetzt, das Opfer zu isolieren und jegliche positive Kontaktaufnahme zu ihm zu unterlassen.

Es wird alles versucht, dem Opfer zu schaden
Alles, was das Opfer besitzt, kann Ziel der Mobbing-Handlungen werden. Dessen Sachen werden versteckt, gestohlen, beschädigt oder verschmutzt: Hefte, Bücher, Stifte, Mäppchen, Schul- oder Sporttasche, Kleidungsstücke, persönliche Dinge, Smartphone etc.

2.3 Charaktereigenschaften der Mobbing-Akteure

Es stellt sich unweigerlich die Frage, warum Menschen anderen so etwas antun. Untersuchungen haben ergeben, dass Mobbing-Akteure in ihrer Persönlichkeit Defizite aufweisen, die zu Mobbing-Handlungen führen können: Personen, die andere Menschen mobben, haben häufig ein geringes Selbstbewusstsein. Um dieses zu kompensieren, suchen sie sich ein Opfer, über das sie Macht – auch mithilfe ihrer körperlichen Stärke – ausüben können. Durch ihre Handlungen wollen sie Anerkennung erfahren und ihre Position innerhalb der Peergroup stärken. Trotz des geringen Selbstwertgefühls besitzen die Mobbing-Akteure aber die Fähigkeit, andere für ihre Zwecke einzusetzen und zu manipulieren, die dann die Mobbing-Handlungen direkt oder indirekt unterstützen.

geringes Selbstbewusstsein

fehlende Konfliktlösungsstrategien

egoistische Sichtweise

hohes Aggressionspotenzial

wenig positive Empathie

geringe Selbstkontrolle

Das Verhalten der Mobbing-Akteure ist von Egoismus geprägt. Sie haben hauptsächlich ihre eigenen Bedürfnisse und Interessen im Blick – auf Kosten des Opfers. Daraus resultiert ein geringer Emotionaler Quotient (EQ). Mobbing-Akteure haben zwar schon ein Gespür dafür, wer sich als Opfer eignet und welche Schwäche und Angriffsfläche dieses bietet. Ihnen fehlt aber positive Empathie in Bezug auf die Bedürfnisse des Opfers. Die Interessen des Opfers werden in der Wahrnehmung der Akteure völlig ausgeblendet. Für sie ist das Opfer selbst schuld an seiner Situation, da es anders ist und nicht dem Mainstream der Klasse oder Peergroup entspricht. Zu beobachten ist auch, dass Mobbingtäter ein hohes Aggressionspotenzial haben, wodurch sie leicht zu provozieren sind. Sie weisen eine geringe Selbstkontrolle auf und sind impulsiv in ihren Handlungen. Zudem besitzen sie ein nur eingeschränktes Repertoire an konstruktiven Konfliktlösungsstrategien. Ihre „erfolgreichen" Vorerfahrungen mit Gewaltstrategien führen dazu, dass sie weiterhin psychische und physische Gewalt als erfolgversprechende Konfliktlösungsstrategie einsetzen wollen.

3 | Unterstützer der Mobbing-Akteure

3.1 Mitläufer

Die Mitläufer – in der Fachliteratur auch Assistenten genannt – sind die „rechte Hand" der Mobbing-Akteure. Sie führen Aufträge aus und sind somit direkt an den Mobbing-Handlungen beteiligt. Mitläufer kommen oft aus dem Freundeskreis der Mobbing-Akteure und fühlen sich diesen daher verpflichtet.

3.2 Verstärker

Neben den aktiv in das Mobbing eingebundenen Mitläufern sind auf der Seite der Mobbing-Akteure die Verstärker von Bedeutung. Sie sind nicht aktiv in die Mobbing-Handlungen involviert, haben aber trotzdem eine das Mobbings-System stabilisierende Funktion, weil sie durch ihre Verhaltensweisen die Attacken der Mobbingtäter dulden bzw. ermöglichen. Sie applaudieren, wenn eine Mobbing-Aktion erfolgreich zu Lasten des Opfers umgesetzt worden ist, oder feuern die Täter bei ihren Handlungen an. Motiviert werden sie in zweierlei Hinsicht: Zum einen wollen sie zu der in der Klasse tonangebenden Gruppe um den Mobbing-Akteur gehören, zum anderen haben sie Angst davor, selbst zu Mobbingopfern zu werden, wenn sie sich den Mobbing-Akteuren gegenüber unsolidarisch verhalten.

4 | Mobbingbetroffener

4.1 Charaktereigenschaften von Mobbingbetroffenen

Zu Beginn der Mobbingforschung ging man davon aus, dass es Personen gibt, die aufgrund ihrer Charaktereigenschaften potenzielle Mobbingopfer sein könnten. Dieser Personengruppe wurde ein unsicheres und ängstliches Auftreten, eine ausgeprägte Sensibilität und Schüchternheit sowie ein geringes Selbstwertgefühl, eine daraus resultierende negative Selbstsicht und eine pessimistische Einschätzung ihrer eigenen Situation attestiert.

Es trifft zwar zu, dass Mobbingbetroffene diese Eigenschaften aufweisen; aber diese wurden bei Personen diagnostiziert, während sie von Mobbing betroffen waren. Es ist nicht verwunderlich, dass die Persönlichkeit und die Selbstwahrnehmung bei Menschen, die schwersten Mobbing-Attacken ausgesetzt sind, in Mitleidenschaft gezogen werden. Aufgrund dieser Erkenntnis geht man heute nicht mehr davon aus, dass Menschen durch bestimmte Persönlichkeitsmerkmale Opfer von Mobbing werden, sondern:

Jeder Mensch kann Opfer von Mobbing-Attacken werden. Das Schicksal, ein Mobbingopfer zu werden, ist kaum vom Mobbingbetroffenen selbst beeinflussbar, sondern in der Regel vom System abhängig, in der sich diese Person befindet.

Entscheidende Faktoren sind die Zusammensetzung der Klasse, die dort geltenden Regeln und Normen, das Verhalten der Lehrkräfte, das Handeln potenzieller Mobbing-Akteure, deren Unterstützung durch Verstärker und die fehlende Zivilcourage von Zuschauern, die nichts gegen die Mobbing-Handlungen tun.

Die Täter suchen nach einer Angriffsfläche, die in den Schwächen oder der Andersartigkeit des potenziellen Opfers zu finden ist.

Die Mobbing-Akteure machen eine Person zum Opfer und weisen ihr ihren Platz im System zu. Der Mobbingbetroffene ist die einzige Person, die sich in einem Mobbing-System ihre Rolle nicht aussuchen kann.

Oft nutzten die Mobbing-Akteure das Anderssein des Opfers (wie z. B. Kleidung, gute Noten, Unsportlichkeit oder ungewöhnliche Hobbys), um ihre Mobbing-Handlungen vor anderen, zum Beispiel den Mitschülern, zu rechtfertigen. Das Anderssein der Zielperson ist nicht die Ursache des Mobbings, sondern eher eine willkommene Gelegenheit. Der Mobbingbetroffene hat oft keine Möglichkeit, aus eigener Kraft einen Ausweg aus seiner isolierten Situation zu bewirken. Wie bereits gesagt: Jeder kann Mobbingopfer werden! Denn jeder Mensch ist dazu in der Lage, in jedem anderen Menschen eine Schwäche auszumachen, die sich dazu eignen könnte, ihn fertigzumachen.

4.2 Mögliche Signale und Verhaltensveränderungen von Mobbingbetroffenen

Mobbing führt zwangsläufig zu Verhaltensveränderungen des Opfers. Aus einer fröhlichen und selbstsicheren Person kann durch Mobbing ein introvertierter, ängstlicher und unsicherer Mensch werden. Aber auch plötzlich aggressives Verhalten, was zuvor so gut wie nicht aufgetreten ist, kann Folge von Mobbing sein. Wenn ein Schüler beispielsweise im Unterricht ohne erkennbaren Grund ausrastet, kann dies durch Mobbing verursacht sein. Die aggressive Handlung kann bewusst oder unbewusst als Hilferuf oder Gegenwehr getätigt worden sein.

Destruktive Mobbing-Handlungen treiben das Opfer auch in die Isolation, das z. B. als Sündenbock für alle möglichen Vergehen und Unterlassungen beschuldigt wird, sodass es auch bei den Lehrkräften in einem schlechten Licht erscheint. Dem Betroffenen wird von den Mobbing-Akteuren deutlich gemacht, dass er nicht mehr zur Gemeinschaft gehört, indem er zum Beispiel im Sportunterricht als Letzter gewählt wird oder keiner mehr in Gruppenarbeiten mit ihm zusammenarbeiten will. In der Pause finden sich keine Gesprächspartner, sodass das Opfer alleine auf dem Schulhof steht oder im Klassenraum die Pause verbringen will, um möglichen Attacken der Täter zu entgehen. Weitere Sicherheitsräume bieten die Lehrkräfte, deren Nähe und Gespräche gesucht werden, ohne dass das Opfer diese aber aus Angst oder Scham konkret über die Mobbingsituation informiert. Auch die Toilettenkabine wird oft als ein „sicherer" Rückzugsort gewählt.

Mobbing hat auch negative Auswirkungen auf die Leistungsfähigkeit des Schülers. Die Mitarbeit lässt nach, die Klausurnoten werden schlechter und die Hausaufgaben fehlen oder werden nur noch teilweise erledigt, weil der Schüler sich kaum noch darauf konzentrieren kann.

Auch fehlendes oder beschädigtes Schulmaterial kann ein Hinweis auf Mobbing sein. Opfer werden z. B. gezwungen, ihre erledigten Hausaufgaben an die Täter weiterzugeben, ohne sie wieder zurückzubekommen. Auch das Zerstören des Eigentums von Opfern gehört zu dem beliebten Repertoire von Mobbingtätern.

Da im Laufe des Mobbingprozesses die Attacken der Täter immer schärfer und härter werden, versucht das Opfer, den Kontakt zu den Tätern zu vermeiden. Es ist zu beobachten, dass Mobbingbetroffene verspätet in den Unterricht kommen, um den Mobbing-Attacken vor dem Unterricht aus dem Weg zu gehen.

Auch die Teilnahme an einer Klassenfahrt wird aus nachvollziehbaren Gründen umgangen. Fehlzeiten und Schulverweigerung sind weitere Folgen, weil sich das Opfer aus Angst nicht mehr in die Schule traut. Oft äußern Mobbingbetroffene den Wunsch, die Klasse oder die Schule wechseln zu wollen, um der unerträglichen Situation zu entgehen.

Mobbingbetroffene versuchen oft, in der Klasse Unterstützer zu finden, um ihre eigene Position zu verbessern und dadurch die Mobbing-Attacken zu reduzieren. Um dies zu erreichen, biedern sie sich z. B. anderen durch Verteilen von Geschenken an oder versuchen, als Klassenclown cool zu wirken, um Sympathien zu ergattern. Meist sind die Versuche nicht erfolgreich, wodurch das Opfer eine weitere Demütigung und Isolation erfährt.

Früher oder später kommt es beim Mobbingbetroffenen zu psychosomatischen Reaktionen wie bspw. Nachlassen der Konzentration und Motivation. Mobbing kann zu Angstzuständen oder Schlafstörungen führen. Auch Kopf- oder Bauchschmerzen sind häufig auftretende Symptome. Autoaggressive Handlungsweisen wie z. B. Ritzen sind ebenfalls zu beobachten.

Alle angeführten Signale können Hinweise darauf sein, dass eine Person von massiven Mobbing-Handlungen betroffen ist. Anderseits können diese Phänomene auch in anderen Zusammenhängen auftreten, was das Erkennen von Mobbing daher so schwierig macht. Es ist wichtig, als Lehrer wachsam zu sein und genau hinzuschauen, was unter Schülern passiert, um Mobbingsituationen angemessen begegnen zu können.

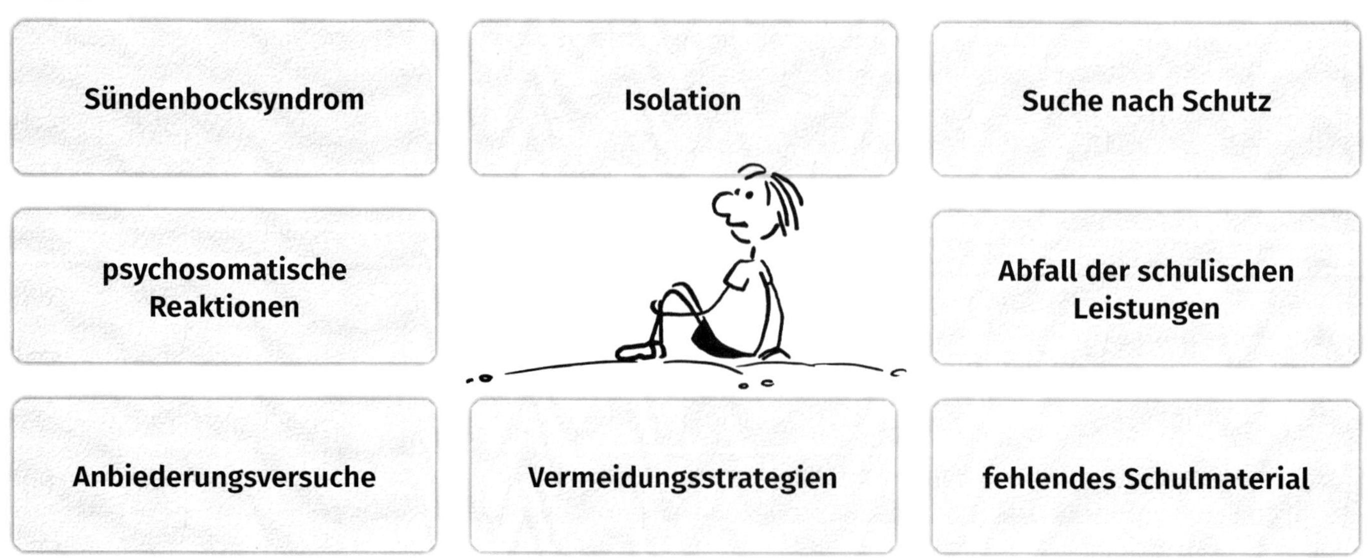

5 | Verteidiger

Verteidiger finden das Handeln der Mobbing-Akteure nicht in Ordnung und wollen dem Mobbingbetroffenen helfen. Dabei treten sie aktiv gegen die Mobbing-Akteure auf, um deren Handlungen gegen das Opfer zu einzustellen. Sie weisen die Täter z. B. darauf hin, dass sie deren Verhalten nicht gut finden. Wenn sie aber erleben, dass ihre Interventionen nicht fruchten oder bei den übrigen Personen in der Klasse keine Unterstützung finden, kommt es oft dazu, dass sie der Mut verlässt. Sie vermeiden dann die aktive Konfrontation mit den Mobbing-Akteuren – auch aus Angst, selbst deren Opfer werden zu können. Es gibt neben den aktiv handelnden Verteidigern noch eine größere Anzahl von potenziellen, stillen Verteidigern, die die Mobbing-Handlungen gegenüber dem Opfer nicht richtig finden und auch Mitleid mit ihm haben. Sie tun aber nichts dagegen und schauen schweigend zu, weil ihnen der Mut oder auch Erfolg versprechende Handlungsoptionen fehlen. Sie befürchten, dass sie selbst von den Mobbing-Akteuren drangsaliert werden könnten. Sie erleben oft einen massiven Druck durch die Mobbing-Akteure, die ihnen sagen, wie sie sich gegenüber dem Mobbingbetroffenen zu verhalten haben.

6 | Zuschauer

Die Zuschauer sind passive Beobachter der Mobbingsituation. Durch ihre Passivität unterstützen sie aber indirekt die Mobbing-Akteure, die weiter ohne Gegenwehr in der Klasse ihr Treiben fortsetzen können. Den Zuschauern fehlen Anti-Mobbing-Strategien. Sie haben auch Angst, selbst in den Strudel der Mobbing-Attacken gezogen zu werden. Da diese Personengruppe quantitativ die größte Gruppe im Mobbing-System darstellt, könnte sie, wenn sie über Erfolg versprechende Handlungsideen und Zivilcourage verfügen würde, konstruktiv die Mobbingsituation beeinflussen und erfolgreich zur Einstellung der Mobbing-Handlungen beitragen.

7 | Lehrer

7.1 Der Lehrer im Mobbing-System

Das größte Problem der Lehrer besteht darin, dass sie die Mobbing-Handlungen in ihrer Lerngruppe oft nicht bemerken, da diese im normalen Unterrichtsgeschehen von den Mobbing-Akteuren verdeckt vorgenommen werden. Der Lehrer ist zwar Teil des Mobbing-Systems, steht aber dennoch eher am Rand, da er die Mobbing-Aktionen ja selbst nicht bewusst bzw. aktiv unterstützen will. Aufgrund seines Berufsethos ist es ihm zudem wichtig, Mobbing in seiner Lerngruppe zu unterbinden bzw. dem präventiv entgegenzuwirken, was ihm aber nicht immer gelingt. Es kann daher auch vorkommen, dass der Lehrer die Mobbing-Handlungen unbewusst unterstützt, wenn er den Mobbingbetroffenen selbst als schwierige Person einschätzt und dies auch bei seinen Schülern oder Kollegen artikuliert. Oft ist zu beobachten, dass der Lehrer unbewusst Erklärungsmuster der Mobbing-Akteure für das Verhalten oder die Person des Mobbingopfers übernimmt, indem er den Mobbingbetroffenen als seltsam oder schwierig einstuft oder auch Verständnis für die Mobbingtäter aufbringt, wenn sie nicht mit dem Opfer z. B. in einer Gruppenarbeit zusammenarbeiten wollen.

7.2 Die Rolle des Lehrers in der Mobbing-Prävention und Mobbing-Intervention

Der Lehrer nimmt im Rahmen der Mobbing-Prävention eine wichtige Rolle ein. Sein Umgang mit seinen Schülern sollte daher von Respekt, Freundlichkeit und Wertschätzung geprägt sein.

Dies kann besonders durch Lob und Anerkennung jedes einzelnen erreicht werden. Zudem ist es seine Aufgabe, auf die Einhaltung der vereinbarten Regeln zu achten und einen wertschätzenden und respektvollen Umgang in der Lerngruppe zu fördern. Er sollte daher aufgrund seiner Vorbildfunktion abschätzige und diffamierende Aussagen gegenüber den Schülern unterlassen und auch sofort unterbinden, wenn solche unter den Schülern vorkommen. Wenn Konflikte unter seinen Schülern auftreten, ist es wichtig, dass er die konstruktive Konfliktlösung z. B. durch ein Mediationsverfahren fördert, da aus Konflikten Mobbing entstehen kann.

Wenn der Lehrer Mobbing-Handlungen unter Schülern erkennt, sollte er zunächst in einem vertraulichen Gespräch das Opfer dazu befragen und anschließend ein Mediationsverfahren (bei Konflikten), die No Blame Approach-Methode oder die Farsta-Methode (bei Mobbing-Handlungen) anwenden. Bei allen drei Verfahren ist es wichtig, dass das Opfer dem weiteren Vorgehen einwilligt. Es ist unbedingt geboten, dass der Lehrer nichts gegen den Willen des Opfers unternimmt, um das Vertrauen zwischen ihm und dem Opfer nicht zu beschädigen. Bei Widerständen kann er versuchen, das Opfer von den jeweiligen Verfahren zu überzeugen, indem er ihm aufzeigt, dass diese bewährten Verfahren in der Regel zu einer Verbesserung der persönlichen Lage des Opfers führen. Wichtig ist auch, dass der Lehrer im regelmäßigen Kontakt zum Opfer steht, um es auch psychisch hilfreich unterstützen zu können.

8 | Eltern

Eltern nehmen oft Verhaltensänderungen ihres Kindes, das Opfer von Mobbing-Attacken geworden ist, wahr und wollen ihm helfen. Sie wissen aber leider oft nicht, wie sie ihr Kind unterstützen und das Mobbing vermindern können und fühlen sich daher oft der gegebenen Situation gegenüber ohnmächtig. Es kommt nicht selten vor, dass sie ihrem Kind auch Schuld an seiner misslichen Lage geben und auch noch Verständnis für die Mitschüler zeigen, die das Opfer aufgrund gewisser Verhaltensweisen ablehnen. Leider ist dies nicht zielführend, da der Mobbingbetroffene sich weder verstanden noch angenommen fühlt. In den meisten Fällen kann das Opfer nichts dafür, dass es von anderen gemobbt wird. Auch gut gemeinte Ratschläge der Eltern, wie der Betroffene sich gegenüber seinen Peinigern verhalten sollte, um seine Lage zu verbessern, führen ebenfalls oft nicht weiter. Manchmal nehmen die Eltern auch Kontakt zu den Eltern des Mobbing-Akteurs auf, was aber meist eine Verschlechterung der Lage des Opfers nach sich zieht. Dies kann zum einen daran liegen, dass die Eltern des Täters sich schützend vor ihr Kind stellen und dessen Fehlverhalten weit von sich weisen. Zum anderen kann es aber auch sein, dass die Eltern den Täter zur Rede stellen, ihn zurechtweisen und auffordern, jegliche Handlungen gegen das Opfer einzustellen und ihn sogar bestrafen. Meist gesteht der Mobbing-Akteur gegenüber seinen Eltern aber keine Schuld ein. Die Folge ist, dass der Mobbing-Akteur die Ursache für die erfahrenen Unannehmlichkeiten im Opfer sieht und seine Mobbing-Handlungen danach eher verstärkt als vermindert. Erfolg versprechende Interventionsmöglichkeiten der Eltern sind aus den genannten Gründen eher eingeschränkt. Zudem sind sie nicht direkt in das Mobbing-System eingebunden. Da Mobbing sich als ein Problem darstellt, das im System Schule entsteht und stattfindet, ist es für Eltern ratsam, sich mit ihrem Anliegen an einen Beratungs- oder Klassenlehrer zu wenden, damit dort Interventionsverfahren wie z. B. die No Blame Approach-Methode oder die Farsta-Methode durchgeführt wird. Alleingänge der Eltern gegen die Mobbing-Akteure sind in den meisten Fällen eher kontraproduktiv.

9 | Mehrheitsverhältnisse

Wie aus der Grafik zu ersehen ist, stellen die Zuschauer eine gewichtige Größe dar, die das Mobbing-System entscheidend zugunsten des Mobbingbetroffenen beeinflussen können. Die Zuschauer unterstützen die Mobbing-Akteure in ihren Handlungen indirekt, wenn sie sie gewähren lassen. Wenn sie aber Position beziehen und sich offen solidarisch mit dem Opfer erklären, kann das zur Folge haben, dass die Täter ihre Mobbing-Handlungen einstellen. Da den Zuschauern aber oft das Handlungsrepertoire und der Mut dazu fehlt, müssen sie durch präventive Schulung bezüglich ihrer Zivilcourage gefördert werden, damit sie sich in Mobbingsituationen an die Seite der Opfer stellen und die Täter durch Erfolg versprechende Vorgehensweisen von den Mobbing-Handlungen abbringen.

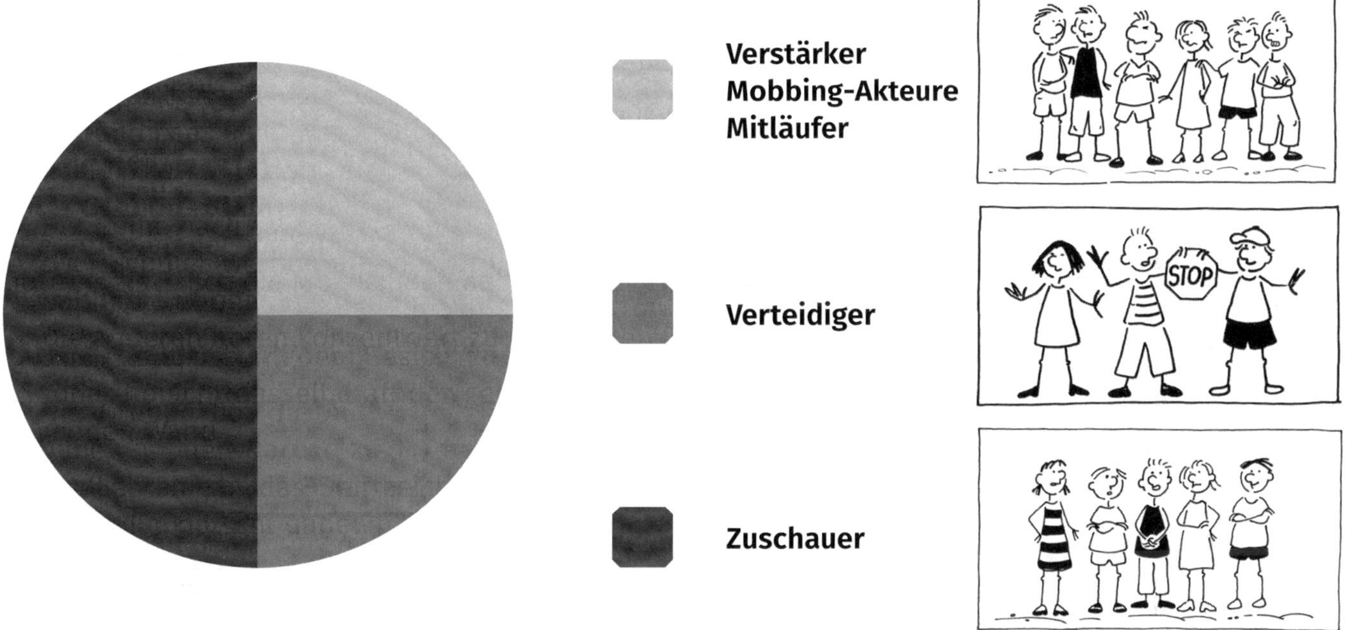

Die Verteidiger wollen dem Opfer helfen, wissen aber teilweise auch nicht, wie sie das bewerkstelligen sollen, und fühlen sich oft hilflos und allein. Auch bei dieser potenziellen Personengruppe setzt Mobbing-Prävention an, damit sie Handlungsstrategien entwickeln können, um dem Opfer angemessen und erfolgreich beistehen zu können. Wenn die für Mobbingopfer sensibilisierten Zuschauer und die Verteidiger gemeinsam für den Mobbingbetroffenen eintreten, verändern sich die Mehrheitsverhältnisse im Mobbing-System zugunsten des Opfers. Die Mobbing-Akteure befinden sich somit in der Minderheit und lassen in der Regel von ihren Mobbing-Handlungen ab, da ihnen der Rückhalt bei dem Großteil der Lerngruppe fehlt.

Mobbing-Prävention setzt aber auch bei den Mobbing-Akteuren und deren Helfern (Mitläufer und Verstärker) an, damit ihren weiter oben bereits aufgeführten Defiziten (mangelndes Selbstbewusstsein, egoistische Sichtweise, wenig positive Empathie, geringe Selbstkontrolle, hohes Aggressionspotenzial, fehlende konstruktive Konfliktlösungsstrategien) durch die Einübung sozialer Kompetenzen präventiv begegnet werden kann.

Da es weder bestimmte oder typische Eigenschaften sind, die einen Menschen zum Zielobjekt von Mobbing-Handlungen werden lassen, setzt die ***Mobbing-Prävention*** in erster Linie nicht bei den Opfern, sondern einerseits ***bei den potenziellen Tätern*** (Mobbing-Akteure, Verstärker und Mitläufer) und andererseits ***bei den möglichen Verteidigern und Zuschauern*** an. Dieser Sachverhalt ist entscheidend für die Präventionsarbeit gegen Mobbing.

1 | Einführung

Die praktischen Übungen eignen sich zum Einsatz in Klassen und projektorientierten Schülergruppen. Aus dem Pool der verschiedenen und zahlreichen Bausteine können Sie flexibel Projekteinheiten zusammenstellen, die sich an den Bedürfnissen und den zu bearbeitenden Defiziten der Lerngruppe orientieren.

Die Inhalte des Klassentrainings werden hauptsächlich auf der affektiven Ebene durch den Einsatz von kooperativen Übungen und von Rollenspielen vermittelt. Diese ermöglichen den Schülern herausfordernde Erfahrungen und machen ihnen zugleich noch „Spaß", wodurch die Mitarbeit und das Einlassen der Schüler auf das Klassentraining positiv beeinflusst werden. Die Übungen werden anschließend reflektiert, damit die Schüler ihre momentane Befindlichkeit, ihre Fragen oder ihre Erkenntnisse zum Ausdruck bringen können. Durch die Verschränkung von affektiven und kognitiven Elementen wird somit ein vielfältiger und zugleich ganzheitlicher Lernprozess in Gang gesetzt.

Das Gesamtkonzept versteht sich als ganzheitliches Sozialtraining, das gewaltsamen Auseinandersetzungen und Mobbing-Handlungen vorbeugen soll sowie die Persönlichkeit jedes einzelnen Schülers und das Gemeinschaftsgefühl in der Klasse fördern soll. Durch dieses Training können vorhandene Defizite beispielsweise von potenziellen Mobbing-Akteuren und von potenziellen Zuschauern präventiv in ihren Ansätzen bearbeitet und beseitigt werden.

Die Schüler sollen mithilfe dieser Übungseinheiten:

- **sich selbst und ihre Mitschüler mit ihren Stärken bzw. Schwächen in ihrer Unterschiedlichkeit besser kennenlernen**
- **Wertschätzung und Anerkennung erleben, um ihr Selbstwertgefühl zu stärken und selbstbewusst handeln zu können**
- **Sinnhaftigkeit von Regeln entdecken und gemeinsam verantwortete Vereinbarungen für eine erfolgreiche und positive Zusammenarbeit in der Klasse entwickeln, um sie anschließend gemeinsam einzuüben**
- **Empathie entwickeln und sich in die Gefühls- und Bedürfnislage anderer Menschen hineinversetzen, um ihre Handlungen dementsprechend daran zu orientieren**
- **Kooperation zur Stärkung des Miteinanders einüben, um einer egoistischen Sichtweise und egoistischem Handeln entgegenzuwirken und alle Mitschüler als wichtige und hilfreiche Kooperationspartner zu entdecken**
- **konstruktive Strategien zur Lösung von Konflikten erlernen, um Konflikte deeskalierend und angemessen ohne Gewalt zu lösen sowie Zivilcourage zu entwickeln, um im Falle von Mobbing den Mobbingbetroffenen gegen die Handlungen der Mobbing-Akteure zu unterstützen.**

2 | Didaktisch-methodische Hinweise

Das Klassentraining hat in erster Linie Schulklassen der Sekundarstufe I (Jahrgänge 5 bis 10) im Blick und eignet sich auch, die Klassengemeinschaft in der Anfangsphase des Schuljahres zu stärken – gerade dort, wo Schüler aus verschiedenen Schulen oder Klassen zu einer neuen Klasse zusammengeführt werden.

2.1 Leitfaden für das Klassentraining

Bei Mobbing keine Prävention, sondern Intervention

Sollte aktuell in der Klasse eine Mobbingsituation bestehen, müssen Sie diese erst durch Interventionsmaßnahmen wie mit der No Blame Approach-Methode oder mit der Farsta-Methode bearbeiten. Da ein Mobbingbetroffener einen schweren Stand in der Gruppe hat und zudem noch ein Machtgefälle zugunsten der Mobbing-Akteure besteht, würde ein spezielles Anti-Mobbing-Klassentraining den Mobbingbetroffenen psychisch und körperlich zu stark belasten. Erst wenn das Mobbing beendet ist und der Mobbingbetroffene wieder in die Gruppe integriert ist, kann ein Klassentraining initiiert werden. Konflikte zwischen einzelnen Personen oder Gruppen dagegen bilden keinen Hinderungsgrund für ein präventives Klassentraining, da die Konflikte im Rahmen des Projektes bearbeitet und gelöst werden können.

Vorbereitung der Übungen und Spiele

Probieren Sie die Übungen und Spiele z. B. mit Kollegen oder zumindest in Gedanken vorher aus, bevor Sie diese mit der Lerngruppe durchführen. Insbesondere Übungen, bei denen Sicherheitsvorschriften angegeben sind, müssen Sie zuvor erproben, damit Sie bei der Umsetzung der Übung „im Ernstfall" die Risiken kennen und sich besser in die Reaktionen oder Reflexionen der Schüler hineinversetzen können.

Orientierung an der Gruppe

Suchen Sie Übungen und Spiele aus, welche Ihre Gruppe weder über- noch unterfordern. Analysieren Sie dazu den gruppendynamischen Prozess und den Bedarf Ihrer Gruppe, um die passenden Übungen auszuwählen.

Transparenz der Übungen

Teilen Sie Ihren Schülern mit, was sie in den einzelnen Einheiten erwartet, damit sie Vertrauen und Sicherheit gewinnen, sich auf die Übung einlassen und keine negativen Überraschungen erleben. Weisen Sie darauf hin, welche Gefahren mit der Übung verbunden sein können und welche Regeln bzw. Vorsichtsmaßnahmen deshalb unbedingt eingehalten werden müssen.

Freiwillige Teilnahme

Zwingen Sie keinen Schüler zur Teilnahme an den Übungen oder Spielen. Gerade bei Übungen, die Unsicherheit oder Angst hervorrufen können, wäre eine erzwungene Teilnahme kontraproduktiv, da das Vertrauen des betreffenden Schülers zu Ihnen und gegebenenfalls zur Gruppe in Mitleidenschaft gezogen werden könnte. Sie können aber die Schüler motivieren, es zumindest einmal auszuprobieren und dann bei Bedarf auszusteigen. Geben Sie den Schülern, die bei einer Übung nicht mitmachen, einen Beobachtungsauftrag, den sie in der anschließenden Reflexionsrunde einbringen können.

Umsetzung der Übungen und Spiele

Nehmen Sie sich als Leiter bei den Übungen und Spielen zurück. Greifen Sie nur bei Regelverletzungen oder in Situationen ein, in denen Schüler zu Schaden kommen könnten. Kommt eine Gruppe in einer Übung an einer Stelle nicht weiter, sollten Sie eine Zwischenreflexionsrunde durchführen, in der Sie selbst Lösungsvorschläge vermeiden, die Gruppe aber darin unterstützen, eigene Ideen zu entwickeln.

Verzicht auf Bewertung

Bewerten Sie die Umsetzung der Aufgaben nicht negativ, sondern würdigen Sie das Positive. Die Übungen sind dazu da, gemeinsam oder einzeln etwas auszuprobieren – es geht nicht um „richtig“ oder „falsch“. Der Verzicht auf negative Bewertungen ist eine Grundvoraussetzung dafür, dass die Schüler motiviert und mit Freude an diesem Projekt mitarbeiten. Falls die Gruppe in einer Übung ein Ziel nicht erreicht, sollten Sie den Schülern in einer Reflexionsphase die Möglichkeit geben, selbst zu überlegen, worin die Probleme gelegen haben und was sie in Zukunft anders bzw. besser machen wollen.

Geschützter Raum für Gefühle und persönliche Informationen

Persönliches soll vertraulich behandelt werden, damit die Schüler Neues ausprobieren und über ihre Gefühle wie Ängste oder Unsicherheiten sprechen können. Weisen Sie die Gruppe darauf hin, dass persönliche Erlebnisse oder Gefühle, von denen die Schüler in den Gesprächsrunden berichten, nicht nach außen weitergegeben werden dürfen. Dies schafft eine Atmosphäre, in der die Schüler es wagen, über ihre Gefühle und Ängste zu sprechen. Am besten ist es, wenn alle Schüler sich diese „Schweigepflicht“ selbst auferlegen.

Mit Freude bei der Sache sein

Das Klassentraining mit seinen unterschiedlichen Bausteinen soll neben der gewissenhaften Durchführung der Aufgabenstellungen und der ernsthaften Auseinandersetzung mit den Themen „Konflikte“ und „Mobbing“ den Schülern und natürlich auch Ihnen Freude bereiten. Wenn die Schüler mit Spaß und Freude bei der Sache sind, werden sie auch motiviert sein, sich einzubringen und sich auf neue Übungen einzulassen. Aus diesem Grund ist der Großteil der Bausteine spielerisch auf der affektiven Ebene angelegt. Lachen entspannt die Atmosphäre und setzt neue Energien frei. Gehen Sie selbst also die Aufgabe auch mit Freude und einem Schuss Humor an.

Reflexion der Übungen

Bieten Sie der Gruppe in einer Reflexionsphase Gelegenheit, über das Spiel bzw. die Übung nachzudenken. So können Erfahrungen und Erlebnisse aus der Durchführungsphase für einen nachhaltigen Lernprozess fruchtbar gemacht werden. Beachten Sie, dass Sie währenddessen nicht die Rolle eines Beurteilers, sondern die eines Gesprächsleiters innehaben.

Zeitangaben der Übungen

Die angegebenen Zeiten sind Erfahrungswerte, können aber von Gruppe zu Gruppe variieren. Gerade die benötigte Zeit für die Reflexionsphase lässt sich nicht exakt voraussagen, da man nie genau im Voraus weiß, wie groß nach einer Übung das Bedürfnis der einzelnen Schüler nach Austausch und Mitteilung ist. In der Regel ist bei den Zeitangaben die Vorbereitungszeit nicht mit eingerechnet!

2.2 Pädagogische Ziele

Die pädagogischen Ziele sind:

- Gemeinsames Erarbeiten von Grundregeln für ein gutes Miteinander in der Klasse, um ein soziales und positives Klima in der Lerngruppe zu ermöglichen
- Einübung der Zusammenarbeit zur Stärkung des Zusammengehörigkeitsgefühls und der Klassengemeinschaft, um so einer destruktiven Cliquenbildung entgegenzuwirken
- Stärkung der Persönlichkeit, des Selbstbewusstseins und des Selbstwertgefühls eines jeden einzelnen Schülers
- Stärkung der Fähigkeit zur Selbstreflexion, um die eigenen Standpunkte und das eigene Handeln kritisch zu hinterfragen
- Förderung der Toleranz gegenüber jedermann, um jedem Menschen mit Würde und Respekt zu begegnen
- Sensibilisierung in Bezug auf die Gefühle anderer, um sich empathisch in die Bedürfnisse des Gegenübers hineinversetzen zu können
- Förderung der Kommunikationsfähigkeit, um Konflikte konstruktiv und deeskalierend zu lösen und selbstbewusst in Mobbingsituationen Zivilcourage zu zeigen
- Förderung der Zivilcourage, damit die potenziellen Zuschauer in einer Mobbingsituation aus ihrer passiven Zurückhaltung heraustreten, um den Mobbingbetroffenen aktiv und mutig zu unterstützen
- Vermittlung von Handlungsalternativen zur gewaltfreien Lösung von Konflikten und Einübung von Verhaltensweisen zur Deeskalation und Vermeidung handgreiflicher Auseinandersetzungen

2.3 Sozialformen und Methoden

- **Einzelarbeit, Partnerarbeit, Gruppenarbeit, Think-Pair-Share**
- **Gesprächsformen**

  Diskussion, Feedback, Gesprächskreis, Kugellager, Reflexion, Unterrichtsgespräch
- **Spiele und Übungsformen**

  Aktivierungsspiel, Bewegungsspiel, Darstellspiel, Einschätzspiel, Individualspiel, Kartenspiel, Kennenlernspiel, Kommunikationsspiel, Konstruktionsspiel, Konzentrationsspiel, Kooperationsspiel, Koordinationsspiel, Rollenspiel, Schreibübung, Selbsterfahrungsspiel, Sensibilisierungsspiel, Standbild, Vertrauensspiel, Wahrnehmungsspiel, Wettkampfspiel, Zuordnungsspiel sowie Filmanalyse, Präsentation und Darbietung

2.4 Phasen und Zeitplanung eines Klassentrainings

Das Klassentraining kann gut über ein Halbjahr in einem zweistündigen Projekt (90 Min.) oder über ein ganzes Jahr in den Klassenlehrerstunden eingesetzt werden. Man kann das Klassentraining in Teilen auch in einer Projektwoche oder im Rahmen von mehrtägigen Schulausflügen durchführen. Man sollte aber nicht das komplette Programm im Schnellverfahren umsetzen, weil die Inhalte dann bei den Schülern zu schnell in Vergessenheit geraten können.

Es ist sinnvoll, eine Doppelstunde/eine Tageseinheit in folgende Phasen einzuteilen:

- **Anfangsrunde**

  Die Anfangsrunde ist ein gemeinsamer Anfangsritus, bei der jeder Schüler die Gelegenheit hat, seinen Mitschülern kurz über seine momentane Befindlichkeit zu berichten.

- **Warm-up**

  Ein Kooperationsspiel zur Förderung der Teambildung erleichtert es den Schülern, im Projekt anzukommen und sich auf die weiteren Inhalte der Einheit einzulassen. Bei einer Tageseinheit sollten nach jeder Pause wieder mit einer kurzen Kooperationsübung begonnen werden.

- **Thematischer Schwerpunkt**

  Durch Übungen und Spiele werden in dieser Phase die wesentlichen Inhalte der Projekteinheit vermittelt und eingeübt.

- **Abschlussrunde**

  In der Abschlussrunde haben die Schüler die Möglichkeit, die zurückliegende (Tages-)Einheit zu reflektieren, ihre Meinung zu äußern und Auskunft über ihre momentane Befindlichkeit zu geben.

2.5 Übungsbereiche

Die sechs Bereiche der 71 Übungen und Rollenspiele zur Mobbing-Prävention

1

Kennenlernen

Wahrnehmung des Gegenübers in seiner Unterschiedlichkeit

4

Empathie

Förderung des Einfühlungsvermögens

2

Wertschätzung

Stärkung des Selbstwertgefühls

5

Kooperation

Stärkung des Miteinanders

3

Regeln

Hilfen zur Selbstkontrolle

6

Konflikte und Mobbing

Konstruktive Konfliktlösungs- und Anti-Mobbing-Strategien

1 Autogrammjäger

Typ:	Kennenlernspiel
Ort:	drinnen
Dauer:	10 bis 20 Min.
Ziele:	sich kennenlernen, einander wahrnehmen
Material:	Kopien **Autogrammjäger (M2)**, Stifte

Vorbereitung:

Alle sitzen im Stuhlkreis.

Jeder Schüler erhält das Blatt **M2 Autogrammjäger**.

Durchführung:

- Die Schüler sollen jeweils eine Person suchen, die einer der Aussagen auf dem Arbeitsblatt zustimmt, und sich die Zustimmung durch eine Unterschrift bestätigen lassen.
- Auf einem Autogrammzettel darf jede Person nur ein Mal unterschreiben!
- Das Spiel ist dann zu Ende, wenn jeder Schüler zehn verschiedene Unterschriften auf seiner Autogrammkarte gesammelt hat.

Reflexionsphase:

Anschließend kann im Gesprächskreis kurz darüber gesprochen werden, auf wen die jeweilige Aussage zutrifft.

2 Emotionale Begegnung

Typ:	Kennenlernspiel, Wahrnehmungsübung
Ort:	drinnen, draußen
Dauer:	10 bis 20 Min.
Ziele:	sich kennenlernen, einander wahrnehmen, Gefühle zeigen
Material:	–

Vorbereitung:

Die Teilnehmer bilden einen Steh- oder Stuhlkreis.

Durchführung:

- Die Teilnehmer gehen wahllos durch den Raum und begrüßen jeden, dem sie begegnen.
- Für die Begrüßung gibt es die Vorgabe, dass sie sich mit der von der Lehrkraft genannten Emotion oder Stimmung begegnen sollen.
- Im Laufe der Begegnungsübung können z. B. folgende Gefühle vorgegeben werden:
  - → glücklich/froh
  - → gestresst
  - → dankbar
  - → sauer/wütend
  - → erstaunt/überrascht
  - → arrogant/überheblich
  - → enttäuscht
  - → verliebt
  - → schüchtern/unsicher
  - → begeistert

- Bei der Begrüßung sollen die Teilnehmer sich die Hände reichen und sich einander vorstellen (z. B.: „Hallo, ich bin der Fabian.“ Antwort: „Hallo, und ich bin die Laura.“).
- Wenn die Namen bereits bekannt sind, sollen sie ihr Gegenüber mit dem Namen ansprechen (z. B.: „Hallo, Laura, ich bin der Fabian.“).

Reflexionsphase:

Jeder darf äußern, was ihm bei der Übung leicht- oder schwergefallen ist.

3 Entscheide dich! (1)

Typ:	Kennenlern- und Einschätzspiel
Ort:	drinnen, draußen
Dauer:	20 bis 30 Min.
Ziele:	sich kennenlernen, einander wahrnehmen, sich der eigenen Position bewusst werden, Unterschiede und Gemeinsamkeiten entdecken, Gruppendruck begegnen
Material:	**Entscheidungsschilder (M3.1 bis M3.3)**

Vorbereitung:

Für dieses Spiel braucht man eine große Freifläche innerhalb eines Raumes oder im Freien. An einen Rand der Freifläche wird das ☺**-Entscheidungsschild M3.1** gelegt oder aufgehängt, an der gegenüberliegenden Seite das ☹**-Entscheidungsschild M3.2**.

Durchführung:

- Die Schüler stehen in der Mitte der Freifläche.
- Der Lehrer liest eine Frage aus dem Fragenpool A oder B vor (je nach Stand des gruppendynamischen Prozesses).
- Jeder Schüler muss nun entscheiden, ob er die Frage bejaht oder verneint.
- Wer die Frage mit „Ja" beantwortet, geht zum ☺**-Entscheidungsschild M3.1**, wer sie verneint, bewegt sich zum ☹**-Entscheidungsschild M3.1**.
- Anschließend werden einzelne Schüler vom Lehrer nach dem Grund ihrer Entscheidung gefragt.
- Dann gehen alle wieder in die Mitte und die nächste Frage wird vorgelesen.

Fragenpool A *(für eine Gruppe, die sich noch nicht so gut kennt):*

→ Liebst du Haustiere?

→ Treibst du gerne Sport?

→ Sind dir gute Noten in der Schule wichtig?

→ Schaust du gerne Fußballspiele?

→ Isst du gerne Burger?

→ Würdest du einem Bettler einen Euro geben?

→ Könntest du dir vorstellen, ein Jahr lang auf einer einsamen Insel zu leben?

→ Bist du mit der Höhe deines Taschengeldes zufrieden?

→ Weinst du bei einem traurigen Film?

Fragenpool B *(für eine Gruppe, deren Mitglieder sich schon besser kennen):*

→ Gefällt dir deine Schule gut?

→ Hast du Angst davor, dass es bei uns zu Terroranschlägen kommen kann?

→ Ist dir Religion wichtig?

→ Ist es dir wichtig, welche Meinung andere über dich haben?

→ Kannst du gut über deine Gefühle reden?

→ Traust du dich, offen deine Meinung zu vertreten?

→ Hast du Mitleid mit Menschen, denen es schlecht geht?

→ Bist du ein guter Zuhörer?

→ Kannst du gut mit Kritik umgehen?

3 Entscheide dich! (2)

Fragenpool C *(Themenbereich für soziales Miteinander – Konflikte – Mobbing):*

→ Hast du dich schon einmal geprügelt?

→ Gehst du am liebsten Streitigkeiten aus dem Weg?

→ Hast du Mitleid mit jemandem, der gehänselt wird?

→ Lässt du dich leicht von anderen beeinflussen?

→ Versuchst du, einen Streit zwischen zwei Mitschülern zu schlichten?

→ Bist du der Meinung, dass Außenseiter an ihrer Situation selbst schuld sind?

→ Hältst du es für okay, Mitschüler zum Beispiel wegen ihrer Noten, ihres Aussehens oder ihrer Klamotten ein wenig zu ärgern?

→ Herrscht in eurer Klasse eine gute Gemeinschaft?

→ Können deiner Meinung nach Worte genauso verletzen wie Faustschläge?

Varianten:

- Für die Schüler, die sich nicht eindeutig zwischen „Ja“ und „Nein“ entscheiden können, kann in die Mitte das 😐-**Entscheidungsschild M3.3** gelegt werden.
- Fragenpool C sollte dann eingesetzt werden, wenn die Themenbereiche „Konflikte“ und „Mobbing“ im Klassentraining behandelt werden.

Reflexionsphase:

Die Teilnehmer erörtern, ob es leicht war, seinen eigenen Standpunkt zu vertreten, bzw. wie jeder mit dem Gruppendruck umgegangen ist. Zudem bietet sich ein Austausch darüber an, inwiefern Gruppendruck in der Schule erlebt wird und wie man gegenüber diesem standhalten kann.

4 Gesichtsscanner

Typ:	Kennenlern- und Wahrnehmungsspiel
Ort:	drinnen, draußen
Dauer:	20 bis 30 Min.
Ziele:	sich kennenlernen, einander wahrnehmen,
Material:	Kopien **Gesichtsbeschreibung (M4)**, Stifte

Vorbereitung:

Jeder Schüler erhält ein Blatt **M4 Gesichtsbeschreibung**. Dann werden Tandems gebildet (bei ungerader Schülerzahl wird zudem noch eine 3er-Gruppe zusammengestellt).

Durchführung:

- In den Tandems beschreibt jeder auf dem Arbeitsblatt **M4 Gesichtsbeschreibung** das Gesicht seines Partners. Für diese Phase sind 5 bis 10 Minuten einzuplanen.
- Wer fertig ist, knickt den oberen Teil mit dem Namen so, dass der Name vorne nicht mehr sichtbar ist.
- Dann wird ein Stuhlkreis gebildet.
- Die ausgefüllten Arbeitsblätter werden eingesammelt, durchgemischt und wieder an die Schüler verteilt, sodass jeder eine Gesichtsbeschreibung erhält. Dabei muss darauf geachtet werden, dass andere die Namen auf der Rückseite nicht lesen können.
- Nun stellt ein Schüler eine Gesichtsbeschreibung vor.
- Die übrigen müssen herausfinden, wer gerade beschrieben wird.
- Wenn die Schüler die richtige Person erraten haben, ist der nächste an der Reihe.
- Wenn die Schüler die Gesichtsbeschreibung nicht richtig zuordnen können, gibt der vorstellende Schüler den Namen des vorgestellten Mitschülers preis.

Hinweis:

Die Übung sollte nicht durchgeführt werden, wenn Schüler Gesichtsmerkmale aufweisen, die ihnen unangenehm und peinlich sein könnten.

5 Manege frei!

Typ:	Kennenlernspiel
Ort:	drinnen
Dauer:	10 bis 15 Min.
Ziele:	sich kennenlernen, sich der Gemeinsamkeiten und der Unterschiede in der Gruppe bewusst werden, Wertschätzung erfahren
Material:	–

Vorbereitung:

Alle sitzen im Stuhlkreis mit einer Manege in der Mitte.

Durchführung:

- Der Lehrer wählt in jeder Runde einen Aspekt aus dem Beispielpool aus und stellt ihn vor.
- Alle, auf die dies zutrifft, sollen aufstehen und in die Manege treten.
- Dafür, dass sie sich zu erkennen gegeben haben, erhalten sie Applaus.

Beispielpool für Eigenschaften und Interessen:

1. alle, die heute schon mit dem Bus gefahren sind
2. alle, die gerne Fußball spielen
3. alle, die gerne Döner oder Gyros essen
4. alle, die im letzten Jahr Urlaub am Meer gemacht haben
5. alle, die jetzt schon hellwach sind
6. alle, die heute ein Pausenbrot dabeihaben
7. alle, die sich auf den heutigen Schultag gefreut haben
8. alle, die gerne zocken
9. alle, die Katzen mögen
10. alle, die heute schon gefrühstückt haben
11. alle, die weniger als eine halbe Stunde am Tag chatten
12. alle, die sich heute schon eingecremt haben
13. alle, die alle Hausaufgaben für den heutigen Unterrichtstag erledigt haben
14. alle, die schon mal ein „sehr gut“ in einem Hauptfach geschrieben haben
15. alle, die gestern ihren Eltern im Haushalt geholfen haben
16. alle, die Verwandte im Ausland haben
17. alle, die keine Angst haben, im Dunkeln alleine draußen herumzugehen
18. alle, die gut Witze erzählen können
19. alle, die wissen, warum Pfingsten gefeiert wird
20. alle, die schon mal einen Streit geschlichtet haben

Hinweis:

Es dürfen weitere Eigenschaften und Interessen ausgedacht werden. Dabei zunächst mit leichten Fragen beginnen und den Schwierigkeitsgrad langsam steigern. Die Lehrkraft sollte laut applaudieren, um die Schüler zum Klatschen zu motivieren.

Reflexion:

Es kann sich darüber ausgetauscht werden, wie die Einzelnen es erlebt haben, Applaus für alltägliche Eigenschaften und Interessen zu erhalten.

6 Namensball

Typ:	Kennenlern- und Koordinationsspiel, Gruppenarbeit
Ort:	drinnen
Dauer:	20 bis 30 Min.
Ziele:	sich gegenseitig kennenlernen, Selbstwertgefühl stärken
Material:	1 Ball, Stoppuhr, Kopie **Positive Eigenschaften (M5)**

Vorbereitung:

Alle Schüler sitzen im Stuhlkreis. Nach Erklärung der Aufgabe für die Gruppenarbeit bilden die Schüler mit ihren Stühlen Vierer- oder Fünfergruppen.

Durchführung:

1. Gruppenarbeit:

- Die Schüler sollen für jedes Gruppenmitglied positive Eigenschaften suchen.
- Bedingung ist, dass die positiven Eigenschaften mit dem Anfangsbuchstaben des jeweiligen Gruppenmitgliedes beginnen müssen (z. B.: **Markus** – **m**utig, **m**ächtig, **m**ännlich).
- Wenn die Gruppe Schwierigkeiten beim Finden von Eigenschaften hat, kann sie Blatt **M5 Positive Eigenschaften** zu Rate ziehen.
- Sobald jeder eine zu ihm passende positive Eigenschaft gefunden hat, setzt die Gruppe sich wieder in den großen Stuhlkreis zurück.

2. Kreisspiel:

- Wenn alle Gruppen in den großen Stuhlkreis zurückgekehrt sind, stellen sich die Schüler im Kreis auf.
- Die Lehrkraft sagt in einer Ich-Botschaft z. B. „Ich bin der mutige Manfred" und wirft einen Ball zu einem Schüler.
- Dieser hat die Aufgabe, die Aussage der Lehrkraft als Du-Botschaft zu wiederholen mit „Du bist der mutige Manfred".
- Dabei soll er demjenigen in die Augen schauen, der ihm den Ball zugeworfen hat.
- Nun soll sich der Schüler mithilfe der in der Gruppenarbeit zu eigen gemachten positiven Eigenschaft in einer Ich-Botschaft z. B. mit „Ich bin der lustige Lukas" selbst vorstellen und wirft den Ball zu einem weiteren Schüler.
- Dieser wiederholt mit Blickkontakt zu dem Ballwerfer dessen Selbstaussage in der Du-Botschaft „Du bist der lustige Lukas", stellt sich selbst vor und wirft den Ball weiter.
- Jeder Schüler soll sich beteiligen und der Ball muss am Ende wieder bei der Lehrkraft ankommen.
- Zur besseren Übersicht können alle Schüler, die schon an der Reihe waren, ihre Arme vor ihren Oberkörper verschränken oder sich hinsetzen.
- Wichtig ist der Hinweis durch die Lehrkraft, dass sich jeder für die weiteren Runden merken muss, wem er den Ball zugeworfen hat.
- In einer zweiten Runde wird in der gleichen Reihenfolge nach demselben Ritual (Ich-Botschaft – Du-Botschaft mit Blickkontakt – Ich-Botschaft usw.) die Übung durchgespielt.
- Es werden die Durchgangszeiten gestoppt, die in weiteren Runden von der Gruppe unterboten werden sollen.

Hinweis:

Diese Übung eignet sich sehr gut zum Erlernen von Namen. Zudem hat sie durch die positiven Eigenschaften für jeden Schüler einen sehr wertschätzenden Charakter, der durch den Blickkontakt noch verstärkt wird.

7 Steckbrief-Interview

Typ:	Kennenlernspiel, Kommunikationsübung
Ort:	drinnen, draußen
Dauer:	40 bis 50 Min.
Ziele:	sich kennenlernen, sich gegenseitig wahrnehmen
Material:	Kopien **Steckbrief (M6)**, Stifte

Vorbereitung:

Die Schüler sitzen im Stuhlkreis. Jeder bekommt den **Steckbrief M6** und sucht sich einen Partner.

Durchführung:

- Die Tandems setzen sich zusammen.
- Zunächst interviewen sich die Partner nacheinander mithilfe von **Steckbrief M6** und notieren die Antworten auf dem Steckbrief.
- Die Interviewphase dauert ca. 10 Minuten
- Dann kommen alle wieder in den Stuhlkreis zurück.
- Die ausgefüllten Steckbriefe werden eingesammelt, durchgemischt und wieder an die Schüler verteilt, sodass jeder einen Steckbrief erhält.
- Nun stellt ein Schüler einen Steckbrief vor, ohne den Namen zu nennen.
- Die Mitspieler müssen herausfinden, wer auf dem Steckbrief beschrieben wird.
- Wer erraten worden ist, muss sich zu erkennen geben.
- Dann ist der nächste mit seiner Vorstellung an der Reihe.

Variante:

Die Tandems werden ausgelost. Bei ungerader Schülerzahl bilden drei Personen eine Gruppe.

8 Treffpunkte

Typ:	Kennenlern- und Zuordnungsspiel
Ort:	drinnen, draußen
Dauer:	15 bis 20 Min.
Ziele:	sich kennenlernen, Gemeinsamkeit und Unterschiede entdecken
Material:	4 DIN-A4 **Buchstabenschilder A, B, C, D (M7.1 bis M7.4)**

Vorbereitung:

Für diese Übung werden in einem Raum Tische und Stühle an die Wände geräumt. An jeder Wand wird ein **Buchstabenschild A, B, C** oder **D (M7.1 bis M7.4)** aufgehängt. Jedes Schild symbolisiert einen Treffpunkt, dem sich die Schüler während der Übung zuordnen müssen. Am Anfang stehen die Schüler in der Mitte des Raums.

Durchführung:

- Der Lehrer liest eine Frage und vier dazugehörige Antwortmöglichkeiten vor.
- Jede Antwort ist einem der vier Treffpunkte zugeordnet.
- Die Schüler müssen anschließend zu dem Treffpunkt gehen, die ihrer persönlichen Vorliebe oder Meinung am meisten entspricht.
- An den jeweiligen Treffpunkten können sich die Schüler kurz miteinander austauschen, warum sie sich dort hingestellt haben.
- Falls die Schüler sich noch nicht kennen, stellen sie sich gegenseitig mit ihren Namen vor.

Fragenpool:

1. **Wie kommst du zur Schule?**
   a) zu Fuß
   b) mit der Bahn
   c) mit dem Bus
   d) mit dem Auto

2. **Wo isst du am liebsten?**
   a) bei McDonalds
   b) bei Burger King
   c) im Dönerladen
   d) zu Hause

3. **Welches Schulfach magst du am wenigsten?**
   a) Mathematik
   b) Deutsch
   c) Englisch
   d) Sport

4. **Von welchem Fußballverein bist du ein Fan?**
   a) Bayern München
   b) BVB Dortmund
   c) Schalke 04
   d) von keinem/einem anderen Verein

5. **Wie reagierst du, wenn du beleidigt wirst?**
   a) Das macht dir gar nichts aus.
   b) Du bist verärgert, sagst aber nichts.
   c) Du beleidigst sofort zurück.
   d) Du schlägst den anderen.

6. **Bei einem Streit: Wer gibt meistens zuerst nach?**
   a) du
   b) der andere
   c) keiner von beiden
   d) unterschiedlich

7. **Was machst du, wenn du siehst, dass eine/r von jemandem gehänselt wird?**
   a) Du hänselst mit.
   b) Du sagst, dass du das nicht gut findest und damit aufgehört werden soll.
   c) Du schaust zu und tust weiter nichts.
   d) Du gehst schnell weg.

9 Anfangsrunde

Typ:	Gesprächskreis
Ort:	drinnen
Dauer:	5 bis 15 Min.
Ziele:	die eigenen Gefühle benennen und artikulieren können, einen geschützten Raum für Probleme schaffen, Anteil aneinander nehmen, den Einzelnen wahrnehmen und wertschätzen
Material:	–

Vorbereitung:

Die Schüler bilden einen Stuhlkreis.

Durchführung:

- Der Reihe nach sagt jeder, wie es ihm im Moment geht.
- Jeder hat auch die Möglichkeit, näher darauf einzugehen, warum er sich im Augenblick so fühlt.
- Die anderen hören konzentriert zu und halten Blickkontakt zu dem Schüler, der gerade spricht.

10 Abschlussrunde

Typ:	Gesprächskreis
Ort:	drinnen
Dauer:	5 bis 15 Min.
Ziele:	die zurückliegende Einheit reflektieren, gutes und wertschätzendes Zuhören einüben und anwenden können, den Einzelnen wahrnehmen und wertschätzen
Material:	–

Vorbereitung:

Die Schüler bilden einen Stuhlkreis.

Durchführung:

Die Schüler können reihum ihre Meinung zu der zurückliegenden Einheit mitteilen.

Hilfsfragen für den Gesprächskreis:

- Was hat dir heute gut gefallen? Was weniger?
- Was hat dich heute weitergebracht? Was hat dir gefehlt?
- Hast du heute Neues entdeckt oder gelernt?
- Was ist dir heute wichtig geworden?
- Welcher Gedanke schießt dir spontan durch den Kopf, wenn du an die zurückliegende Einheit denkst?
- Wie bewertest du die heutige Einheit? (z. B. auf einer Skala von 0 bis 10)
- Was sollte in der nächsten Einheit nochmals aufgegriffen werden?
- Wie geht es dir im Moment?

11 Castingshow der Talente (1)

Typ:	Individualspiele, Präsentation/Darbietung
Ort:	drinnen
Dauer:	50 bis 80 Min. (je nach Anzahl der Aufgaben und der Schüler)
Ziele:	eigene Fähigkeiten und Stärken entdecken, Selbstbewusstsein des Einzelnen stärken
Material:	3 Spielchips pro Schüler, Fußball, Stuhl, Knöpfe, Nadeln, Stoffreste, DIN-A4-Blätter, Stifte, Tennisball, Eimer, Äpfel, Schälmesser, Jonglierbälle, Hammer, 80er Nägel, Holzblock, Seil, Krawatte, Smartphone, Kopien **Deine Stärken & Fähigkeiten (M8)**

Vorbereitung:

Die Gruppe sitzt im Stuhlhalbkreis vor der Tafel. Am offenen Ende befindet sich eine gedachte Bühne. Der Lehrer stellt zunächst den Aufgabenpool für die Castingshow vor:

- einen Fußball aus vier Meter Entfernung in ein Tor (Stuhl) schießen
- einen Knopf annähen
- ein witziges Bild des Klassenlehrers zeichnen
- einen Tennisball aus zwei Meter Entfernung in einen Eimer werfen
- einen Apfel so schälen, dass die Schale an einem Stück bleibt
- Jonglierbälle jonglieren
- einen Satz mit Alliterationen fehlerfrei aufsagen, z. B.: „Fischers Fritze fischt frische Fische, frische Fische fischt Fischers Fritze“
- einen Nagel mit einem Hammer in einen Holzblock schlagen
- einen Achterknoten in ein Seil machen
- einen Papierhut basteln
- eine Krawatte binden
- eine Mathematikaufgabe an der Tafel lösen
- einen diktierten Text fehlerfrei auf dem Smartphone schreiben
- einen Spagat machen
- mit den Ohren wackeln
- ...

Jeder Schüler erhält drei Spielchips. Wenn ein Schüler eine Aufgabe auf der Bühne vorführen will, muss er einen Spielchip abgeben. Damit wird verhindert, dass beispielsweise der Klassenclown alle Aufgaben machen will.

11 Castingshow der Talente (2)

Durchführung:

Nun beginnt die Castingshow:
Der Lehrer stellt eine Aufgabe vor und fragt, wer sich zutraut, sie zu lösen.

- Die Kandidaten betreten nacheinander die Bühne und bekommen beim Auftritt und beim Abgang Applaus.
- Dann wird die nächste Aufgabe vorgestellt.
- Manche Aufgaben benötigen Vorbereitungszeit (z. B. ein Bild malen), sodass nur das Ergebnis vorgestellt werden kann.
- Als Fazit sollte festgehalten werden, dass jeder Fähigkeiten hat und es die Stärke einer Klasse ist, aus Schülern mit unterschiedlichen Begabungen zusammengesetzt zu sein. Was der eine nicht kann, kann ein anderer und Stärken sind dazu da, sich gegenseitig zu unterstützen.
- Die Schüler suchen sich nun einen Partner (Sympathie-Tandems).
- Jeder erhält das Arbeitsblatt **M8 Deine Stärken & Fähigkeiten** und füllt es in Einzelarbeit für seinen Partner aus (circa 5 Min.).
- Die Partner teilen sich nacheinander gegenseitig mit, über welche Stärken und Fähigkeiten sie verfügen. Am Ende des Austausches übergibt jeder seinem Partner das ausgefüllte Arbeitsblatt.

Reflexionsphase:

Es kann thematisiert werden, wie es sich angefühlt hat, als man von seinem Partner die eigenen Fähigkeiten mitgeteilt bekommen hat. Zudem kann danach gefragt werden, was die Schüler bzgl. der Rückmeldungen durch den Partner am meisten überrascht hat.

12 Einander zuhören (1)

Typ:	Rollenspiel, Gruppenarbeit, Kommunikationsübung
Ort:	drinnen
Dauer:	55 bis 65 Min.
Ziele:	Merkmale einer wertschätzenden Kommunikation erarbeiten, gutes und wertschätzendes Zuhören einüben und anwenden können
Material:	DIN-A3-Plakate (ein Plakat für jede Gruppe), Filzstifte

Duchführung:

Anspiel (5 Min.)

- Zunächst wird ein Freiwilliger gesucht, der bereit ist, mit dem Lehrer ein Gespräch über ein festgelegtes Thema zu führen (z. B. über „Aktivitäten am Wochenende").
- Die Gruppe hat die Aufgabe, das Gespräch zu beobachten.
- Der Lehrer hört zunächst seinem Gesprächspartner gut zu (er wendet sich dem anderen zu, fragt nach, hält Blickkontakt, zeigt Einfühlungsvermögen, nickt, sitzt ruhig, passt auf).
- Dann hört er ihm schlecht zu (er unterbricht, zeigt Langeweile, beschäftigt sich mit anderen Dingen, lenkt ab, redet dazwischen, blickt auf etwas anderes, passt nicht auf, fragt immer wieder dasselbe).
- Zum Schluss des Gesprächs hört er wieder gut zu.

Auswertung (10 Min.)

- Die Beobachter berichten, was ihnen aufgefallen ist. Erfahrungsgemäß erkennen die Schüler gut, dass der Lehrer im Gespräch teilweise gut (1. und 3. Gesprächsphase) und teilweise schlecht zugehört hat.
- Dann sollten kurz die Merkmale für schlechtes und gutes Zuhören zusammengetragen werden.

Gruppenarbeit (20 Min.)

- Die Schüler bilden Kleingruppen (4 bis 6 Schüler pro Gruppe).
- Jede Gruppe erhält ein Plakat, auf dem sie Merkmale für gutes Zuhören notieren sollen (ca. 10 Min.).
- Nach der Gruppenarbeit stellen die Gruppen ihre Ergebnisse nochmals vor und hängen die Plakate im Klassenraum auf.

12 Einander zuhören (2)

Kugellager (ca. 15 Min.)

- Die Klasse bildet zwei Stuhlkreise mit gleich vielen Stühlen – einen inneren und einen äußeren.
- Der äußere Stuhlkreis ist nach innen gerichtet, der innere nach außen, sodass immer ein Schüler des äußeren Stuhlkreises einem des inneren Stuhlkreises gegenübersitzt.
- Die beiden gegenübersitzenden Schüler haben nun die Aufgabe, in einer festgelegten Zeit miteinander ein Gesprächsthema zu besprechen: Der Schüler des äußeren Stuhlkreises erzählt und der Schüler des inneren Stuhlkreises hört gut zu, indem er die Merkmale für gutes Zuhören anwendet.
- Nach dem ersten Gespräch rücken alle Schüler des äußeren Stuhlkreises im Uhrzeigersinn einen Platz weiter, sodass sich neue Gesprächspartner gegenübersitzen.
- Diese bereden anschließend ein neues Thema, wobei nun der Schüler des inneren Stuhlkreises erzählt und der des äußeren Stuhlkreises der „gute" Zuhörer ist.
- Danach werden wieder die Plätze gewechselt.

Gesprächsdauer:

Die Zeit für die einzelnen Gespräche beträgt 2 bis 3 Minuten.

Mögliche Gesprächsthemen für das Kugellager:

- Was machst du am liebsten in deiner Freizeit?
- Wenn du die Macht hättest, in der Schule etwas zu verändern, was würdest du tun?
- Was erwartest du von einem guten Freund/einer guten Freundin?
- Worüber hast du dich das letzte Mal geärgert?

Reflexionsphase:

Die Schüler berichten kurz über ihre Erfahrungen.

13 Positive Rückmeldung

Typ:	Wertschätzende Schreibübung
Ort:	drinnen
Dauer:	25 bis 40 Min.
Ziele:	sich in den anderen hineinversetzen, den anderen in seiner Individualität wahrnehmen, positive Charaktereigenschaften, Fähigkeiten und Stärken entdecken, Selbstbewusstsein des Einzelnen stärken
Material:	Kopien **Was ich an dir gut finde (M9)**, 1 Stift für jeden Teilnehmer

Vorbereitung:

Die Schüler sitzen im Stuhlkreis. Jeder erhält das Blatt **M9 Was ich an dir gut finde**, schreibt seinen Namen in die betreffende Zeile und gibt das Blatt im Uhrzeigersinn weiter.

Durchführung:

- Jeder Schüler soll nun Charaktereigenschaften, Stärken oder Fähigkeiten, die er an dem namentlich genannten Mitschüler schätzt, aufschreiben.
- Er soll mindestens einen Aspekt, der ihm einfällt, notieren.
- Wenn er mit seinen Eintragungen fertig ist, gibt er das Blatt im Uhrzeigersinn weiter.
- Nun schreibt der nächste Schüler seine positive Rückmeldung zu der namentlich genannten Person darauf und gibt das Papier weiter, wenn er fertig ist.
- Zum Schluss erhält jeder wieder sein Blatt und darf es in Ruhe durchlesen.

Reflexionsphase:

Abschließend werden die Schüler gefragt, was ihnen durch den Kopf geht, wenn sie die positiven Rückmeldungen über sich selbst lesen. Zudem können die Schüler danach gefragt werden, was sie bzgl. der Rückmeldungen durch die anderen am meisten positiv überrascht hat.

14 Stärken-Leporello

Typ:	Wertschätzende Schreibübung
Ort:	drinnen
Dauer:	20 bis 30 Min.
Ziele:	Fähigkeiten und Stärken entdecken, Selbstbewusstsein des Einzelnen stärken, sich in andere hineindenken
Material:	verschieden bunte DIN-A4-Blätter (ein Blatt reicht für zwei Schüler), Stifte

Vorbereitung:

Die Lehrkraft halbiert die DIN-A4-Blätter, sodass immer zwei Papierstreifen entstehen.

Durchführung:

- Die Schüler sitzen im Stuhlkreis.
- Jeder erhält einen Papierstreifen und fertigt durch siebenmaliges Knicken ein Leporello (siehe Illustration unten rechts) mit 16 Seiten (Vorder- und Rückseite) an.
- Jeder schreibt seinen Namen auf die erste Seite seines Leporellos und legt es anschließend auf seinen Stuhl.
- Nun stehen alle Schüler auf, gehen einen Platz nach links und schreiben auf eine leere Seite des Leporellos eine Fähigkeit oder eine Stärke des Schülers, dessen Name auf dem Leporello steht.
- Dann gehen alle einen Platz weiter nach links und schreiben auf die nächste freie Seite eine Fähigkeit bzw. eine Stärke des betreffenden Schülers.
- Die Einträge auf einem Leporello können mit ganzen Sätzen (z. B. „Du bist ein humorvoller Typ") oder mit einzelnen Stichworten (z. B. „humorvoll") formuliert werden.
- Während der Schreibübung herrscht absolutes Redeverbot.
- Wenn alle Leporellos vollgeschrieben sind, setzt sich jeder wieder auf seinen Platz und schaut sich die Aussagen auf seinem Leporello an.

Reflexionsphase:

Jeder in der Gruppe darf mitteilen, welche Eintragungen auf seinem Leporello ihn positiv überrascht oder auch sehr erfreut haben.

15 Starkes Puzzle der Fähigkeiten

Typ:	Gruppenarbeit
Ort:	drinnen
Dauer:	20 bis 35 Min.
Ziele:	Fähigkeiten und Stärken entdecken, den anderen in seiner Individualität wahrnehmen, Selbstbewusstsein des Einzelnen stärken
Material:	1 DIN-A2-Blatt pro Gruppe, Moderationsmarker

Vorbereitung:

Die Schüler teilen sich in Kleingruppen auf (4 bis 5 Schüler pro Gruppe) und bilden Gruppentische. Jede Gruppe erhält ein DIN-A2-Blatt und malt so viele gleich große Puzzleteile auf ihr Blatt, wie Mitglieder in der Gruppe sind. In jedes Puzzleteil wird nun ein Name eines Gruppenmitgliedes geschrieben.

Durchführung:

- Die Gruppe hat nun die Aufgabe, für jedes Gruppenmitglied Stärken und Fähigkeiten in das jeweilige Puzzleteil zu schreiben, von denen die anderen bei einer Gruppenarbeit, einer gemeinsamen Übung oder auch im Lebensalltag profitieren können (z. B. „Laura kann gut Plakate gestalten“, „Kevin hat gute Ideen“, „Anna kann gut zuhören“).
- Anschließend werden die Plakate im Klassenraum aufgehängt und in einem Rundgang von allen Schülern betrachtet.
- Wem beim Rundgang noch weitere Stärken und Fähigkeiten zu einzelnen Personen einfallen, darf diese noch nachtragen.

Hinweis:

Bei Gruppenübungen oder -arbeiten sollte der Lehrer die Schüler daran erinnern, dass jeder dazu aufgefordert ist, seine Stärken in das gemeinsame Vorhaben einzubringen.

Reflexionsphase:

Es sollte thematisiert werden, dass jeder durch seine Stärken und Fähigkeiten einmalig ist und einen wichtigen Platz in der Gemeinschaft einnimmt. Zudem sollte deutlich werden, dass die individuellen Stärken und Fähigkeiten nicht nur reiner Selbstzweck sind, sondern zum Wohl und zur Unterstützung der Mitschüler eingesetzt werden können.

16 Warme Dusche

Typ:	Wertschätzendes Feedback
Ort:	drinnen
Dauer:	20 bis 30 Min.
Ziele:	eigene Fähigkeiten und Stärken entdecken, Selbstbewusstsein des Einzelnen stärken, wertschätzendes Feedback einüben
Material:	Kopien **Schülerliste für die warme Dusche (M10)**

Vorbereitung:

Der Lehrer bereitet **M10**, die **Schülerliste für die warme Dusche** vor, auf der die Vornamen einer Auswahl von Schülern eingetragen werden. Die Schüler bilden einen Stuhlkreis. Jeder bekommt eine Schülerliste, auf der er bei jedem positive Feedbacks eintragen soll. Das können Charaktereigenschaften (z. B. „hilfsbereit“) oder Fähigkeiten (z. B. „gutes mathematisches Verständnis“) oder auch positive Erlebnisse (z. B. „Natascha hat mir heute die Hausaufgaben erklärt“) sein. Dafür haben die Schüler 5 Minuten Zeit.

Durchführung:

- Die Schüler sollen dem ersten Schüler auf der Schülerliste mündlich positive Feedbacks in Form von Du-Botschaften geben.
- Wenn die Feedbackrunde beendet ist, erhält der Schüler Applaus und bedankt sich für die Feedbacks.
- Dann ist der nächste an der Reihe.

Beispiele für Du-Botschaften:

- Du bist hilfsbereit.
- Du bist gut in Mathematik.
- Du hast mir heute die Hausaufgaben erklärt, was mir sehr geholfen hat.

Varianten:

- Als Verfahrensmöglichkeiten können die weiteren Feedbackrunden für die übrigen Schüler über einen Tag oder eine Woche verteilt werden.
- Es kann aber auch wöchentlich eine Feedbackrunde durchgeführt werden, bei der dann jeweils andere Schüler in den Genuss der „warmen Dusche“ kommen.

17 Elefantenjagd

Typ:	Kooperations- und Wettkampfspiel
Ort:	größerer Raum, Turnhalle
Dauer:	30 bis 45 Min.
Ziele:	Zusammenarbeit einüben, Zusammengehörigkeitsgefühl stärken, Regeln für ein gewaltfreies Spielen entwickeln, Gewaltursachen in Bezug auf gemeinsames Spielen ergründen
Material:	–

Vorbereitung:

Alle Schüler sollten zunächst gefährdende Gegenstände ablegen (z. B. Uhren, Brillen, Gürtelschnallen, größere Ohrringe etc.). Dann bilden sie eine große und eine kleine Gruppe.

Durchführung:

- Die größere Gruppe (ca. 8 bis 20 Schüler) spielt den Elefanten: Jeder hält und klammert sich so am anderen fest, dass aus der Elefantengruppe eine in sich geschlossene und einem Elefanten ähnliche Einheit entsteht.
- Die kleinere Gruppe (Angreifer oder Jäger, ca. 4 bis 6 Schüler) versucht nun, einzelne Schüler aus der Elefanteneinheit herauszuziehen.
- Als Regel wird festgelegt, dass niemandem wehgetan werden darf. Dies sollte den Jägern kurz vor Beginn nochmals deutlich vermittelt werden.
- Sollte sich die Elefantengruppe im Laufe des Spiels über die Vorgehensweise der Jäger beschweren, wird das Spiel unterbrochen.
- Gemeinsam werden weitere Regeln festgelegt, die einen gewaltfreien Umgang garantieren sollen.
- Dann kann die Jagd von Neuem beginnen.
- Das Spiel ist beendet, wenn der Elefant völlig auseinandergenommen und nur noch eine Person übrig ist.

Reflexionsphase:

Es kann darüber gesprochen werden, warum es zu ungewollten Regelverletzungen und „Gewaltübergriffen" während des Spiels gekommen ist (z. B. übertriebener Ehrgeiz oder „Rauschzustand", bei dem man abgesprochene Regeln vergisst).

18 Evaluation von Klassenregeln

Typ:	Reflexion
Ort:	drinnen
Dauer:	10 bis 15 Min.
Ziele:	Einhaltung der vereinbarten Regeln überprüfen, regelkonformes Verhalten wertschätzen
Material:	zuvor vereinbarte Regeln auf DIN-A4-Blättern

Voraussetzung:

Die Schüler haben gemeinsame Regeln vereinbart, die einzeln auf DIN-A4-Blättern für alle sichtbar im Klassenraum aufgehängt worden sind. In regelmäßigen Abständen sollten vereinbarte Klassenregeln evaluiert werden. Dadurch bleiben die Regeln allen Schülern im Bewusstsein. Das ist eine wichtige Voraussetzung dafür, dass die Regeln auch angewandt werden.

Durchführung:

- Jede Regel wird gemeinsam mit der Klasse bezüglich der Fragestellung evaluiert, ob und wie sie von den Schülern befolgt wird.
- Wenn eine Regel von allen über einen längeren Zeitraum umgesetzt worden ist, wird sie als sichtbarer Erfolg abgehängt und in einer Schublade oder im Klassenschrank aufbewahrt.
- Der Lehrer weist die Klasse daraufhin, dass die Regel, auch wenn sie in der Schublade liegt, trotzdem weiterhin beachtet werden soll.
- Sollte sich eine Regel nach Mehrheit der Schüler im Nachhinein als nicht mehr sinnvoll erweisen, so wird sie abgehängt und symbolisch in den Papiermülleimer geworfen.
- Möglicherweise müssen auch neue Regeln vereinbart werden, um einer veränderten Klassensituation (z. B. durch Konflikte) Rechnung zu tragen.

19 Feedback zur Einhaltung der Klassenregeln

Typ:	Reflexion, Feedback
Ort:	drinnen
Dauer:	5 bis 10 Min. für das Feedback in der Klasse
Ziele:	auf Einhaltung der Regeln achten, Feedback geben
Material:	Kopie der Regelliste (siehe Beispiel aus der Praxis)

Durchführung:

- Ein Schüler bekommt den Auftrag, während einer Unterrichtsstunde/einer Doppelstunde auf einer Regelliste die Regelverstöße in der Klasse zu beobachten und zu notieren.
- Dazu soll er die einzelnen Regelverstöße mit Strichen zählen.
- Zum Schluss entscheidet er, welche Regel gut (☺), nur teilweise (😐) oder schlecht (☹) eingehalten worden ist und setzt auf der Regelliste entsprechende Kreuze.

Hinweise:

Das Feedback zur Einhaltung der Klassenregel sollte regelmäßig durchgeführt werden. Die Beobachter wechseln, bis jeder einmal an der Reihe gewesen ist. Bei jüngeren Schülern sollte man nur eine oder zwei Regeln kontrollieren lassen, um eine Überforderung des Beobachters zu vermeiden.

Reflexionsphase:

Am Ende der Unterrichtsstunde/des Unterrichtstages soll der Schüler der Klasse zu jeder Regel ein Feedback darüber abgeben, wie die einzelnen Regeln beachtet worden sind. Ein Beispiel aus der Praxis einer 6. Klasse im Gymnasium:

Feedback zur Einhaltung der Klassenregeln

Klassenregel	Regelverstöße	☺	😐	☹
1. Wir gehen freundlich miteinander um.	II	X	X	
2. Wir gehen nicht an Dinge von anderen, ohne zu fragen.		X		
3. Wir lästern nicht über andere.	IIII		X	
4. Wir wenden keine Gewalt an (nicht schlagen, nicht treten).		X		
5. Wir lassen den anderen ausreden und rufen nicht rein.	~~IIII~~ IIII			X

Name der Beobachterin/des Beobachters: ____________________ Datum: ____________

20 Kartenspiel

Typ:	Kartenspiel
Ort:	drinnen
Dauer:	30 bis 40 Min.
Ziele:	Sinnhaftigkeit und Notwendigkeit von Regeln erkennen, eine gemeinsam verantwortete Entscheidung treffen
Material:	ein Skatspiel pro Gruppe

Vorbereitung:

Die Klasse wird in Kleingruppen (4er- bis 6er-Gruppen) eingeteilt. Jede Gruppe sitzt an einem Gruppentisch und erhält ein Skatspiel.

Durchführung:

- Die Gruppe hat 15 Minuten Zeit, mit dem Skatspiel ein Spiel ihrer Wahl zu spielen.
- Nach der Gruppenphase soll jede Gruppe der Klasse erläutern, welches Spiel sie gespielt haben.

Reflexionsphase:

Die Schüler tauschen sich darüber aus, warum sie bei ihrem Spiel Regeln festgelegt bzw. benutzt haben. In einem weiteren Gesprächsgang kann auf die Sinnhaftigkeit von Regeln für das Miteinander in der Klasse eingegangen werden, dabei können konkrete Regelvorschläge gesammelt werden.

21 Prinzipien des Miteinanders (1)

Typ:	Gruppenarbeit, Unterrichtsgespräch
Ort:	drinnen
Dauer:	30 bis 45 Min. (in zwei Blöcken!)
Ziele:	Prinzipien für ein gutes Miteinander konkretisieren und anwenden, demokratische Prozesse fördern
Material:	Kopien **Respekt – gegenüber Schülern und Lehrern (M11.1)**, **Verantwortung – für sich selbst, andere und Material (M11.2)** und **Förderung der Fähigkeiten und der Persönlichkeit jedes Einzelnen (M11.3)**; **Schilder** mit Prinzipien **Respekt (M11.4)**, **Verantwortung (M11.5)** und **Förderung (M11.6)**, Stifte

Vorbereitung:

Die Klasse wird in Kleingruppen (4er- bis 6er-Gruppen) eingeteilt. Der Lehrer stellt der Klasse drei Prinzipien **(Schilder M11.4 bis M11.6)** vor, die für die Klassengemeinschaft und ein gutes Miteinander von Bedeutung sind: **Respekt**, **Verantwortung**, **Förderung**.

Durchführung:

- Die Schüler sollen in einer Gruppenarbeit (Dauer 15 Min.) die drei Grundprinzipien für ein gutes Miteinander konkretisieren.
- Dazu bekommt jede Gruppe die drei Kopien von **M11.1**, **M11.2** und **M11.3**, worauf die Schüler nach intensivem Austausch konkrete Aspekte und Verhaltensweisen aufschreiben sollen, die ihnen in Bezug auf die genannten Prinzipien „Respekt, Verantwortung, Förderung" wichtig sind und sinnvoll erscheinen.
- Der Lehrer selbst fertigt auch eine eigene Liste an, was er den Schülern hinsichtlich einer transparenten Verfahrensweise mitteilt.
- Am Ende der Gruppenarbeit werden alle Aufzeichnungen eingesammelt.
- Der Lehrer fasst zu Hause unter den jeweiligen Überschriften „Respekt", „Verantwortung" und „Förderung" die Ergebnisse der Schüler zusammen (systematisch gegliedert, einheitlicher Sprachstil, ohne Doppelung) und kann auch eigene, ihm wichtig erscheinende, von den Schülern nicht genannte Aspekte einfügen.
- In der nächsten Stunde wird das gemeinsame Ergebnis allen ausgehändigt, besprochen und unter den jeweiligen Prinzipien **(M11.4 bis M11.6)** für alle sichtbar in der Klasse aufgehängt.

Hinweise:

Damit die Prinzipien den Schülern bewusst werden und bleiben, müssen sie immer wieder thematisiert werden. Gerade bei Fehlverhalten sollte auf die Grundprinzipien hingewiesen werden. Manchmal reicht es aus, den Namen des Schülers zu nennen und auf das Schild mit dem Prinzip **(M11.4 bis M11.6)** zu zeigen, gegen das er verstoßen hat. Dies hat den Vorteil, dass dem Schüler das Fehlverhalten bewusst wird und zugleich wenig Unterrichtszeit verloren geht. Auf der folgenden Seite befindet sich ein konkretes Beispiel aus der Praxis.

21 Prinzipien des Miteinanders (2)

Beispiel aus der Praxis einer 8. Klasse im Gymnasium:

Respekt – gegenüber Schülern und Lehrkräften

Wir akzeptieren andere als Individuen:
- höflich und freundlich miteinander umgehen
- aufeinander Rücksicht nehmen, mit jedem zusammenarbeiten
- sich gegenseitig unterstützen
- ausreden lassen, einander zuhören
- nicht beleidigen, keine abfälligen Kommentare, kein Rassismus
- niemanden mobben
- keine Gewalt anwenden

Wir nehmen angemessen am Unterricht teil:
- pünktlich sein
- aufpassen und nicht durch Gespräche sich selbst oder andere stören
- melden, nicht einfach reinrufen
- Redende anschauen
- Anweisungen der Lehrkraft befolgen

Verantwortung – für sich selbst, andere und Material

Jeder übernimmt Verantwortung für sich selbst:
- Müll und Papierschnipsel entsorgen
- Schulgelände – insbesondere Toiletten – nicht verschmutzen
- Schulaufgaben und Hausaufgaben erledigen
- Heft ordentlich führen (z. B. unterstrichene Überschrift, Datum am Seitenrand, Abheften bzw. Einkleben von Blättern)
- Handys vor dem Unterricht ausschalten

Jeder übernimmt Verantwortung für andere:
- sich gegenseitig helfen
- niemanden verletzen
- sich für gutes Klassenklima einsetzen

Jeder übernimmt Verantwortung für das eigene Material und das Eigentum anderer:
- Unterrichtsmaterial zu Anfang der Stunde auf den Tisch legen
- Eigentum anderer wertschätzend behandeln
- Materialien pfleglich behandeln
- Tische und Wände nicht beschmieren
- nach der Stunde die Tafel wischen
- nach Unterrichtsschluss Stühle hochstellen und Ordnungsdienst ausführen

Förderung der Fähigkeiten und der Persönlichkeit jedes Einzelnen

Jeder hat Stärken und Schwächen. Wir brauchen einander, um uns weiterzuentwickeln. Wir unterstützen andere mit Erklärungen und Hilfestellungen:
- demjenigen Hilfestellung geben, der Hilfe benötigt
- demjenigen etwas erklären, der etwas nicht versteht

22 Putzlappenhockey

Typ:	Wettkampfspiel
Ort:	drinnen (auf glattem Fußboden)
Dauer:	35 bis 45 Min.
Ziele:	Sinn und Notwendigkeit von Regeln erfassen
Material:	Putzlappen (für glatten Boden) oder Tauchring (für Teppichboden), 2 Stühle, 2 Besenstiele

Vorbereitung:

Vor Spielanfang werden die zwei Besenstiele unauffällig in zwei gegenüberliegende Ecken gestellt, sodass die Schüler die Besenstiele nicht als Utensilien für dieses Spiel wahrnehmen. Alle sitzen in einem großen Stuhlkreis.

Durchführung:

- Zwei Schüler werden aus der Gruppe ausgewählt, die übrigen bleiben im Kreis sitzen.
- Einer stellt sich mit dem Gesicht zur Wand, der andere macht dasselbe an der gegenüberliegenden Wand.
- Der Lehrer gibt das Startzeichen (z. B.: „Und los!") und klatscht dabei in die Hände.
- Die Mitspieler werden nun wahrscheinlich verblüfft sein und darauf hinweisen, dass sie doch noch gar nicht wüssten, was zu tun sei.
- Nun kann der Lehrer die Gruppe mittels Fragen dahin führen, dass sie den Sinn und die Notwendigkeit von Regeln erkennt.
- Wenn dieses Ziel erreicht ist, werden die Regeln für das Spiel festgelegt: Zwei Spieler treten gegeneinander an.
- Jeder stellt sich mit dem Gesicht zur Wand.
- Hinter jeden wird ein Besenstil parallel zur Wand abgelegt.
- Der Putzlappen (oder ein Tauchring) wird in die Mitte des Kreises gelegt.
- Zwei gegenüberstehende Stühle dienen als Tore (Aufbau des Spielfeldes siehe in der Skizze).
- Vor dem Spiel muss festgelegt werden, wer welches Tor verteidigen muss.
- Auf ein Kommando hin muss jeder versuchen, den Putzlappen (oder den Tauchring) mittels Besenstiel in das gegnerische Tor zu führen.
- In einer zweiten Runde kann mit neuen Spielpartnern darauf hingearbeitet werden, dass Regeln ebenfalls Chancengleichheit garantieren können: So kann man z. B. den Putzlappen unbemerkt in die Nähe eines Spielpartners legen, worauf der andere sich wahrscheinlich anschließend beschweren wird, dass dies unfair gewesen sei, wenn er die Regelwidrigkeit bemerkt und dadurch einen Nachteil erlitten hat.
- Wenn alle Regeln festgelegt sind, welche auch zusammen mit den Schülern entwickelt werden können (z. B. Regeln zur Vermeidung von Verletzungen, Festlegung von regelwidrigen Fouls, Verbot mit dem Fuß zu spielen oder zu stoppen, Festlegung der Toranzahl für einen Sieg), wird ein Turnier gespielt.

- Wenn einer ein Tor geschossen hat, wird das Spiel wieder mit der Ausgangsposition fortgesetzt (siehe Skizze).
- Der Sieger kommt jeweils im K.-o.-System eine Runde weiter.

23 Vereinbarung von Klassenregeln (1)

Typ:	Gruppenarbeit, Diskussion
Ort:	drinnen
Dauer:	15 Min. / 45 Min.
Ziele:	umsetzbare bzw. sinnvolle Regeln für das Projekt erarbeiten
Material:	DIN-A4-Blatt für jede Kleingruppe, OHP-Folie, OHP, Folienschreiber, einen DIN-A6-Zettel für jeden Schüler

Vorbereitung:

Erstellung der Regelvorschläge

Die Schüler bilden Kleingruppen (4er- bis 6er-Gruppen), überlegen sich an Tischgruppen in einem Zeitrahmen von 10 Minuten Regeln, die ihrer Meinung nach für das Miteinander in der Klasse wichtig sind, und notieren diese auf einem DIN-A4-Blatt. Die Lehrkraft sammelt die Regelvorschläge nach der Gruppenarbeit ein und weist die Schüler darauf hin, dass die Schüler in der nächsten Stunde aus diesen Vorschlägen die endgültigen Klassenregeln im Rahmen einer geheimen Abstimmung festlegen werden. Die Lehrkraft schreibt mit einem Computer die Regelvorschläge auf ein DIN-A4-Blatt, wobei Vorschläge, die mehrmals genannt worden sind, nur einmal berücksichtigt werden. Zudem sollte die Lehrkraft auf einheitliche Sprache und positive Aussagen achten. Nach Fertigstellung werden die Regelvorschläge auf einer OHP-Folie ausgedruckt.

Durchführung:

Evaluation der Regelvorschläge

- Die Schüler bilden einen Stuhlhalbkreis.
- Mit einem Overheadprojektor werden die Regelvorschläge für alle sichtbar an die Wand projiziert.
- Die Lehrkraft moderiert die Evaluationsphase, in der jede Regel nacheinander daraufhin überprüft wird, ob sie sinnvoll ist.
- Die Vorschläge, für die keine einmütige Zustimmung gefunden wird oder die von mindestens 30 Prozent der Schüler sowieso nicht einzuhalten sind, werden mit einem Folienschreiber auf der Folie durchgestrichen.
- In einer geheimen Abstimmung schreibt nun jeder Schüler auf seinen Abstimmungszettel (DIN A6) zwei der übrig gebliebenen Regelvorschläge, die ihm am wichtigsten erscheinen. Dazu reicht es, wenn die Schüler nur die beiden Nummern ihrer favorisierten Regeln notieren (siehe Beispiel aus der Praxis auf der folgenden Seite).
- Die Abstimmungszettel werden eingesammelt und durch Striche auf der OHP-Folie ausgezählt.
- Die fünf am häufigsten genannten Regeln werden als Klassenregeln auf DIN-A4-Blätter geschrieben und für alle sichtbar im Klassenraum aufgehängt.

23 Vereinbarung von Klassenregeln (2)

Die Regeln, die in der Evaluationsphase von den Schülern verworfen wurden, sind durchgestrichen. Die Regeln, die letztendlich als Klassenregeln vereinbart wurden, sind kursiv und fett gedruckt.

Beispiel von Regelvorschlägen aus der Praxis einer 6. Klasse im Gymnasium:

Regelvorschläge

1. ***Wir respektieren und akzeptieren einander.***
2. ~~Wenn der Lehrer steht, sind die Schüler still.~~
3. Wir reden freundlich miteinander.
4. Wir hören uns gegenseitig zu.
5. Wir nehmen aufeinander Rücksicht.
6. ~~Wir lachen uns gegenseitig nicht aus.~~
7. Wir arbeiten zusammen.
8. Wir halten zusammen.
9. ***Wir nehmen nur Dinge von anderen, wenn wir die Erlaubnis dazu haben.***
10. ~~Wir schätzen das Eigentum anderer.~~
11. ~~Wir bestehlen uns nicht.~~
12. ~~Wir zerstören keine Gegenstände.~~
13. ~~Wir werfen keine Gegenstände durch den Raum.~~
14. ~~Wir bleiben cool.~~
15. Wir benehmen uns gut.
16. ***Wir reden nicht schlecht über andere.***
17. ***Wir wenden keine Gewalt an (nicht schlagen, nicht treten).***
18. ~~Wir werden nicht aggressiv.~~
19. ~~Wenn wir reden wollen, melden wir uns.~~
20. ***Wir lassen den anderen ausreden und reden nur, wenn wir dran sind.***
21. ~~Wir verhalten uns ruhig.~~

24 Wohlfühlfaktoren

Typ:	Methode „Think-Pair-Share“ (Einzel-, Partner- und Gruppenarbeit, Präsentation)
Ort:	drinnen
Dauer:	30 bis 40 Min.
Ziele:	sich der eigenen Wohlfühlfaktoren bewusst werden, demokratische Prozesse fördern
Material:	Kopien **Was wir brauchen, um uns in unserer Klasse wohlzufühlen (M12)**

Vorbereitung:

Jeder Schüler erhält das Arbeitsblatt **M12 Was wir brauchen, um uns in unserer Klasse wohlzufühlen.**

Durchführung:

- **Einzelarbeit (Think)**
  Der Schüler schreibt innerhalb von 5 Minuten vier Faktoren auf, die ihm persönlich wichtig sind, damit er sich in der Klassengemeinschaft wohlfühlen kann.

- **Partnerarbeit (Pair)**
  Die Schüler bilden Tandems und stellen sich gegenseitig ihre vier Wünsche vor. Anschließend müssen sie sich auf vier Aspekte einigen, die ihnen wichtig sind, damit sie sich in der Klasse wohlfühlen können. Die vier Punkte werden auf dem Arbeitsblatt **M12** eingetragen. Für die Partnerarbeitsphase werden 5 Minuten veranschlagt.

- **6er-Gruppenarbeit (Share)**
  Drei Tandems aus der Partnerarbeitsphase bilden eine Sechsergruppe. Zunächst stellt jedes Tandem seine Wünsche vor, dann sollen alle Gruppenmitglieder sich nach einer Diskussion auf vier Wünsche einigen, welche wiederum auf dem Arbeitsblatt **M12** schriftlich fixiert werden. Für die Gruppenarbeit hat die Gruppe 10 Minuten Zeit.

- **Plenum**
  Ein Vertreter jeder Gruppe stellt die Ergebnisse seines Teams in der Klasse vor und begründet sie kurz. Danach kommt die zweite Gruppe dran.

- **Weiterarbeit**
  Da die Schüler nun sensibilisiert sind, was sie sich wünschen, um sich in der Klassengemeinschaft wohlzufühlen, können sie anschließend mit der Übung **23 Vereinbarung von Klassenregeln** weiterarbeiten.

25 Aufnahme in den Kreis

Typ:	Rollenspiel
Ort:	drinnen
Dauer:	15 bis 25 Min.
Ziele:	Ausgrenzung erleben, Empathie für Ausgegrenzte fühlen, sich in Mobbingopfer einfühlen können
Material:	–

Vorbereitung:

Die Klasse bildet einen Stuhlkreis. Drei Freiwillige verlassen den Raum und warten vor der Tür. Die Anweisungen für die Übung erhalten sie erst später, wenn sie wieder reingerufen werden. Weitere acht Schüler werden ausgewählt.

Durchführung:

- Die acht Schüler bilden in der Mitte einen Kreis, haken sich mit den Armen ein und stehen eng nebeneinander.
- Sie bekommen die Instruktion, keinen, der von außen kommt, in den Kreis hineinzulassen.
- Sie dürfen das auch mit ablehnenden Aussagen unterstützen.
- Die einzige vereinbarte Regel ist, dass keine schmerzhafte körperliche Gewalt angewendet werden darf.
- Nun wird der erste Schüler hereingerufen.
- Seine Aufgabe ist es, in den Kreis hineinzukommen. Auch bei ihm gilt, dass er anderen keine Schmerzen zufügen darf.
- Ein Rollenspiel dauert 1 bis 2 Minuten.
- Danach wird der Ausgegrenzte in seiner Rolle gefragt, wie er sich gerade fühlt und was er sich wünscht.
- Dann ist der nächste Schüler an der Reihe und wird hereingerufen.

Hinweis:

Bei der Auswahl der Personen, die in der Übung ausgegrenzt werden, sollte darauf geachtet werden, dass sie eine starke Position in der Klasse einnehmen und ein starkes Selbstbewusstsein haben. Wenn man Schüler auswählt, die sowieso schon einen schweren Stand in der Klasse haben, besteht die Gefahr, dass deren Außenseiterposition durch diese Übung manifest und zementiert wird.

Reflexionsphase:

Die Teilnehmer sprechen darüber, wie Ausgrenzung erlebt wird und was der Einzelne bzw. die Gemeinschaft gegen Ausgrenzung tun kann.

26 Der Weg zum Abgrund

Typ:	Konzentrations-, Sensibilisierungs- und Selbsterfahrungsspiel
Ort:	drinnen
Dauer:	pro Teilnehmer 1 Min.
Ziele:	eigene Gefühle benennen, Schwäche erleben und dazu stehen, sich in Mobbingopfer einfühlen können
Material:	Stuhl, Augenbinde, Kreppband oder Kreide

Vorbereitung:

Ein Stuhl wird vor eine abwärtsführende Treppe gestellt, wobei die Rückenlehne in Richtung Gang zeigt. Fünf Meter von diesem Stuhl entfernt wird auf dem Fußboden mit einer Linie (z. B. durch Kreppband oder Kreidestrich) der Startplatz markiert.

Durchführung:

- Ein Teilnehmer geht auf den Stuhl zu (Gänseschritte sind nicht erlaubt, sondern nur normale Schritte!) und zählt laut seine Schritte mit. Am Stuhl angekommen bleibt er stehen und fasst mit beiden Händen an die Rückenlehne.
- Nun geht er zurück zum Ausgangspunkt und bekommt die Augen verbunden.
- Er soll nun blind mit genau der vorher benötigten Schrittzahl den Stuhl erreichen und mit beiden Händen an die Rückenlehne fassen.
- Die Erfahrung hat gezeigt, fast alle machen aus Angst kleinere Schritte als zuvor und erreichen den Stuhl nicht.
- Wichtig ist, dass jeder an dem Punkt die Augenbinde abzieht, an dem er stehen geblieben ist.
- Der Teilnehmer wird in der Regel überrascht sein, dass er noch so weit vom Stuhl entfernt ist.
- Die erreichte Stelle wird mit Kreppband und dem jeweiligen Namen markiert.
- Dann ist der nächste Teilnehmer an der Reihe.

Sicherheitshinweis:

Der Lehrer sollte sich in der Nähe bzw. vor dem Teilnehmer aufhalten, um ihn zu schützen, falls dieser die Treppe hinunterzufallen droht.

Variante:

Statt den Stuhl vor eine Treppe zu stellen, kann er auch im Klassenraum vor einer Wand positioniert werden. Hier zeigt die Rückenlehne dann in Richtung Raum.

Reflexionsphase:

Man kann mit den Schülern thematisieren, warum sie im zweiten Durchlauf kleinere Schritte gemacht haben. Wenn die Schüler nicht äußern, dass sie in blindem Zustand aus Angst nicht bis zum Stuhl gekommen sind, bringt es die Lehrkraft in die Runde ein. Im weiteren Gesprächsgang kann noch erarbeitet werden, in welchem Fall Angst positiv (Sicherheit bei Gefahren bzw. Risiken) zu bewerten ist und wann Angst aus psychologischer Sicht destruktiv ist und eine Person negativ belastet (z. B. Mobbingbetroffener durch Mobbing-Handlungen).

27 Gefühle erraten

Typ:	Darstell-, Sensibilisierungs-, Wahrnehmungs- und Wettkampfspiel
Ort:	drinnen
Dauer:	25 bis 40 Min.
Ziele:	eigene Gefühle und die Gefühle anderer wahrnehmen, für Körpersprache sensibilisieren
Material:	Kopie **Gefühle erraten (M13.1)** für jeden Teilnehmer, OHP-Folie **Gefühle (M13.2)**, verschiedenfarbige Folienschreiber, OHP, Preise für Sieger

Vorbereitung:

Die Gruppe sitzt im Stuhlhalbkreis. Das offene Ende ist eine gedachte Bühne. Jeder Schüler erhält eine Kopie **M13.1 Gefühle erraten**. Die OHP-Folie **M13.2 Gefühle** wird so an die Wand projiziert, dass alle Schüler sie gut sehen können.

Durchführung:

- Der erste Schüler sucht sich ein Gefühl von der OHP-Folie **M13.2 Gefühle** aus und stellt es anschließend auf der Bühne pantomimisch oder mittels eines kurzen Rollenspiels dar. Dabei darf er das Gefühl nicht benennen.
- Nach der Präsentation schreiben die anderen Schüler verdeckt in der Spalte „Mein vermutetes Gefühl" bei Person Nr. 1 auf, welches Gefühl ihrer Meinung nach von dieser dargestellt worden ist.
- Nun teilt Person Nr. 1 der Klasse mit, welches Gefühl sie gezeigt hat.
- Die restlichen Schüler tragen das Gefühl in der Spalte ein.
- Wer richtig getippt hat, bekommt einen Punkt und trägt diesen in der Spalte „Punkte" ein.
- Der Lehrer weist darauf hin, dass das Spiel auf Ehrlichkeit basiert und er darauf vertraut, dass dies auch befolgt wird.
- Der Darsteller selbst bekommt für seine Darbietung ebenfalls einen Punkt (bei besonders guter schauspielerischer Leistung sogar zwei Punkte).
- Nun ist der zweite Schüler mit seiner Gefühlsdarbietung an der Reihe.
- Dazu sucht er sich ein neues Gefühl von der OHP-Folie „Gefühle" aus.
- Wenn jeder Schüler einmal dran gewesen ist, zählt jeder seine Punkte zusammen.
- Wer die meisten Punkte erreicht hat, erhält als Sieger einen Preis.

Reflexionsphase:

Im Stuhlkreis wird erarbeitet, wie man Gefühle zeigt und worauf man achten muss, wenn man Gefühle bei anderen erkennen will:

- Gestik (Körperhaltung, Kopf, Beine, Arme, Hände, ob locker, gespannt, verkrampft oder zitternd)
- Mimik (Gesichtsausdruck: Augen, Augenbrauen, Wangen, Nasenflügel, Lippen und die Gesichtsfarbe, ob rot oder blass)
- Stimme (Stimmlage, Geschwindigkeit)

28 Gefühlsbarometer

Typ:	Reflexion
Ort:	drinnen, draußen
Dauer:	5 bis 15 Min.
Ziele:	sich der eigenen Befindlichkeit bewusst werden, die Befindlichkeit des anderen wahrnehmen
Material:	**Entscheidungsschilder (M3.1 bis M3.3)**

Vorbereitung:

Die Schüler bilden einen Steh- oder Stuhlkreis.

Durchführung:

- Die Lehrkraft legt drei DIN-A4-Karten mit den Symbolen ☺, 😐, ☹ **(M3.1 bis M3.3)** verteilt in den Kreis.
- Jeder Schüler soll sich zu der Karte stellen, die am besten seine derzeitige Befindlichkeit bzw. Gefühlslage ausdrückt.

Hinweis:

Diese Methode eignet sich zur Reflexion von Übungen oder der derzeitigen Klassensituation.

Reflexionsphase:

Anschließend können sich die Schüler auf freiwilliger Basis dazu äußern, warum sie sich an dieser Stelle positioniert haben.

29 Geheimcode

Typ:	Rollenspiel, Sensibilisierungsübung
Ort:	drinnen
Dauer:	15 bis 30 Min.
Ziele:	Selbst- und Fremdwahrnehmung fördern, Empathie zu Ausgegrenzten entwickeln, Aufmerksamkeit gegenüber dem Verhalten anderer fördern
Material:	–

Vorbereitung:

Die Klasse bildet einen Stuhlkreis. Ein Freiwilliger verlässt den Raum, ohne dass ihm weitere Instruktionen genannt werden.

Durchführung:

- Die Gruppe im Raum einigt sich auf ein Gesprächsthema (zum Beispiel Hobby, Hausaufgaben, mein letztes Wochenende) und auf einen Geheimcode, der bei dem folgenden Klassengespräch immer wieder eingesetzt wird (z. B. während des Redebeitrags ans Kinn fassen, sich nach seinem Statement an die Nase fassen, vor einer Äußerung die Beine überschlagen).
- Dieser Geheimcode dient als Zugangsberechtigung zur Teilnahme an der Diskussion.
- Nun wird der Teilnehmer, der den Raum verlassen hat, wieder hereingerufen.
- Er bekommt als Instruktion, sich aktiv an der Diskussion zu beteiligen. Dazu muss er aber den Geheimcode knacken.
- Während des Rollenspiels beachten die Gruppenmitglieder den Außenseiter nicht, fallen ihm ins Wort und führen ihn bewusst in die Irre.
- Sie wenden vermeintliche Codes an, die nicht als Zugangscodes verabredet worden sind.
- Wenn der Außenstehende glaubt, den Code gefunden zu haben, beteiligt er sich an der Diskussion und benutzt den Geheimcode.
- Nur wenn er den richtigen Code gefunden hat, wird er in die Gruppe aufgenommen.
- Spricht er, ohne den richtigen Code eingesetzt zu haben, wird ihm ins Wort gefallen oder sein Beitrag einfach ignoriert.
- In weiteren Runden können andere Schüler versuchen, einen neuen Geheimcode zu knacken.
- Die Übung wird noch interessanter, wenn sie zunehmend komplizierter gestaltet wird.

Hinweis:

Bei der Auswahl der Personen, die in der Übung ausgegrenzt werden, sollte darauf geachtet werden, dass sie in der Klasse keine Außenseiterposition innehaben. Sinnvoll ist es, potenzielle Mobbing-Akteure für diese Rolle auszuwählen, damit sie Empathie für ausgegrenzte Mobbingopfer entwickeln.

Reflexionsphase:

Mögliche Fragen:

- War es schwer, den Geheimcode zu knacken?
- Wie hast du dich als Außenseiter gefühlt?
- Wie hat sich die Gruppe gefühlt?
- Gibt es vergleichbare Situationen in Schule, Familie oder Freizeit?

30 Gute Geheimaktionen

Typ:	Sensibilisierungs- und Wahrnehmungsübung
Ort:	überall
Dauer:	2 Wochen
Ziele:	andere und ihre Bedürfnisse wahrnehmen, Empathie fördern, Hilfsbereitschaft einüben
Material:	DIN-A6-Blatt für jeden Schüler

Vorbereitung:

Jeder Schüler bekommt ein DIN-A6-Blatt, schreibt seinen Namen darauf und knickt es einmal, sodass der Name nicht mehr sichtbar ist. Die Lehrkraft sammelt alle Blätter ein, mischt sie durch und verteilt sie wieder, bis jeder Schüler ein Blatt hat. Sollte ein Schüler seinen eigenen Zettel erhalten haben, so werden alle Blätter wieder eingesammelt, erneut gemischt und verteilt. Dies muss so lange wiederholt werden, bis jeder den Zettel eines anderen in Händen hält.

Durchführung:

- Die Schüler haben nun die Aufgabe, demjenigen, dessen Name auf dem Zettel steht, innerhalb der nächsten zwei Wochen Gutes zu tun, ohne ihn zu erkennen zu geben.
- Die Aktionen bleiben jedem selbst überlassen, es sollen keine kostspieligen, sondern normale Alltagsgesten sein.
- Die Lehrkraft kann den Schülern auch eine Mindestanzahl an Aktionen (z. B.: 5 oder 10) vorgeben.

Hinweis:

Keiner darf bekannt geben, wen er gezogen hat, da die Übung sonst nicht funktioniert!

Reflexionsphase:

Mögliche Fragen:

- Hast du Aktionen bemerkt?
- Hast du eine Vermutung, wer dir Gutes tun sollte?
- Ist es schwer gewesen, dem anderen etwas Gutes zu tun?
- Wie hast du dich als Beschenkter bzw. Wohltäter/Gönner gefühlt?
- Was hat sich bezüglich der Klassengemeinschaft verändert?

31 Körpersprache

Typ:	Sensibilisierungs- und Wahrnehmungsspiel
Ort:	drinnen
Dauer:	20 bis 30 Min.
Ziele:	für Körpersprache sensibilisieren, Zusammenhang zwischen Mimik/Gestik und Gefühlen begreifen, sich selbst und den anderen wahrnehmen
Material:	–

Vorbereitung:

Die Gruppe bildet einen Stuhlkreis.

Durchführung:

- Die Lehrkraft führt zunächst an einem praktischen Beispiel (z. B. Wut) vor, was mit Körperhaltung gemeint ist und was sie ausdrückt.
- Dann sollen die Schüler verschiedene Körperhaltungen einnehmen, die verschiedene Gefühle vermitteln.
- Dabei macht der Lehrer die Körperhaltung vor – die Schüler ahmen sie nach.
- Nach jeder Körperhaltung sollen die Schüler die Körpersprache deuten und reflektieren.
- Zunächst gibt die Lehrkraft Körperhaltungen vor, dann können die Schüler eigene Körperhaltungen in die Übung einbringen.

Beispiele für Körperhaltungen, die ausprobiert werden können:

- zurückgelehnt auf dem Stuhl sitzen, die Beine übereinanderschlagen, die Arme verschränken
- bequem auf dem Stuhl sitzen, den Kopf hängen lassen, das Kinn auf einer Hand abstützen
- aufrecht mit den Beinen hüpfbreit stehen, den Kopf hochhalten, die Arme verschränken
- hinstellen, Beine eng aneinanderstellen, die Arme hinter dem Rücken verschränken, den Kopf und die Schultern hängen lassen
- aufrecht hinstellen, die Arme offen, den Kopf nach oben halten
- mit gekreuzten Beinen hinstellen, die Hände in die Tasche stecken, den Kopf senken
- hinstellen, aufrechte und gespannte Körperhaltung einnehmen, Kopf hochnehmen, ernst schauen, Hände nach vorne nehmen und zu Fäusten bilden

Reflexionsphase:

Mögliche Fragen:

- Wie fühlt ihr euch, wenn ihr diese Körperhaltung einnehmt?
- Welchen Eindruck macht diese Körperhaltung auf andere?
- In welchen Situationen nimmt man wohl diese Haltung ein?

32 Komfortzone

Typ:	Sensibilisierungs- und Wahrnehmungsspiel
Ort:	drinnen, draußen (freie Fläche)
Dauer:	15 bis 25 Min.
Ziele:	Komfortzonen der anderen wahrnehmen, die eigene Komfortzone erkennen; eigene Gefühle benennen, Körpersprache deuten und sich dementsprechend angemessen verhalten können
Material:	–

Vorbereitung:

Die Klasse wird in zwei gleich große Gruppen geteilt. In zwei Reihen stellen sie sich gegenüber mit einem Abstand von vier Metern so auf, dass immer zwei gegenüberstehende Personen einander ansehen und die Übung gemeinsam durchführen können.

Durchführung:

- Die Augen sind geschlossen und die Spieler kommen zur Ruhe.
- Auf Kommando öffnen alle die Augen und die Schüler einer Reihe gehen langsam mit Blickkontakt auf ihr Gegenüber zu.
- Die anderen Mitspieler bleiben auf der Stelle stehen, haben eine neutrale Körperhaltung und schauen ihrem Gegenüber in die Augen.
- Sobald sich einer von denen, die in Bewegung sind, unsicher fühlt, bleibt er stehen und verharrt in seiner Position.
- In einer direkt anschließenden Reflexion werden die Schüler, die gegangen sind, gefragt, warum sie an dieser Stelle stehen geblieben sind und was sie dabei gefühlt haben.
- Zudem können die Personen, auf die die anderen zugegangen sind, sich äußern, wie sie sich gerade hinsichtlich der Distanz zum Gegenüber fühlen.
- Dann wird die Übung nochmals mit vertauschten Rollen durchgeführt.

Variante:

Die Personen, auf die zugegangen wird, können in mehreren Runden unterschiedliche Gefühle mithilfe ihrer Körpersprache ausdrücken (z. B. fröhlich, wütend, traurig). In der Reflexion wird dann die Körpersprache gedeutet und die Distanz ausgewertet. In der jeweiligen Runde sollten alle Schüler, die körpersprachlich ein Gefühl zeigen sollen, dasselbe Gefühl darstellen, um für alle eine einheitliche, nachvollziehbare und gewinnbringende Reflexion zu ermöglichen.

Reflexionsphase:

Ziel des auswertenden Gesprächs sollte sein, den Schülern zu vermitteln, dass jeder Mensch eine Komfortzone (ca. eine Armlänge) um sich herum hat, die er allein für sich beansprucht, und die ihm in der Begegnung mit anderen Menschen für sein Wohlbefinden wichtig ist. Diese gilt es zu achten und zu beachten. Je nach Situation und Gefühlslage der Beteiligten ist die Komfortzone kleiner (z. B. bei einem Liebesverhältnis) oder größer (z. B. bei einer mit Wut angestauten Situation).

33 Positive Wünsche

Typ:	Empathische Schreibübung
Ort:	drinnen
Dauer:	20 bis 35 Min.
Ziele:	sich in den anderen hineinversetzen, den anderen in seiner Individualität wahrnehmen, Selbstbewusstsein des Einzelnen stärken
Material:	Kopien **Mein guter Wunsch für dich (M14)**, Stift für jeden Teilnehmer

Vorbereitung:

Die Schüler sitzen im Stuhlkreis. Jeder erhält das Arbeitsblatt **M14 Mein guter Wunsch für dich**, trägt seinen Namen darauf ein und reicht es an seinen linken Nachbarn weiter.

Durchführung:

- Jeder Schüler soll nun einen ernst gemeinten positiven Wunsch an den namentlich genannten Mitschüler formulieren und auf das Blatt eintragen.
- Wenn er den Wunsch aufgeschrieben hat, gibt er das Blatt an seinen linken Nachbarn weiter.
- Dieser schreibt nun seinen guten Wunsch an die namentlich genannte Person auf das Blatt und gibt es anschließend weiter.
- Das Blatt läuft so lange durch die Reihe, bis es wieder bei der Person angekommen ist, deren Name auf dem Blatt steht.
- Zunächst darf jeder die an ihn gerichteten positiven Wünsche lesen.

Reflexionsphase:

Abschließend werden die Schüler danach gefragt, welcher Wunsch sie am meisten gefreut hat. Sie dürfen dabei ihre Aussage kurz begründen.

34 Beengte Reise nach Jerusalem

Typ:	Kooperationsspiel
Ort:	drinnen
Dauer:	10 bis 20 Min.
Ziele:	miteinander kooperieren, Berührungsängste abbauen, sich auf andere einlassen
Material:	Stühle, Musik, CD- oder MP3-Player

Vorbereitung:

Wie bei dem Kinderspiel „Reise nach Jerusalem“ werden in die Mitte das Raums zwei Reihen mit Stühlen gestellt, deren Rückenlehnen sich berühren.

Durchführung:

- Die Lehrkraft stellt die Musik an und die Schüler laufen im Uhrzeigersinn um die Stühle.
- Wenn die Musik ausgeschaltet wird, muss sich jeder so schnell wie möglich hinsetzen.
- Nach jedem Durchgang wird ein Stuhl aus der Reihe genommen und weggestellt.
- Da kein Spieler ausscheidet, aber immer weniger Stühle zur Verfügung stehen, müssen sich mit Fortgang des Spiels immer mehr Schüler gemeinsam (z. B. aufeinander oder nebeneinander) auf die verbleibenden Stühle setzen.
- Die Übung ist zu Ende, wenn der erste Schüler vom Stuhl fällt oder keinen Platz mehr findet.
- Als Motivation können die erfolgreichen Runden gezählt und in einem weiteren Durchgang überboten werden.

Sicherheitshinweis:

Die benutzten Stühle müssen robust sein.

Reflexionsphase:

Die Schüler äußern sich dazu, wie sie die Nähe zu ihren Mitschülern empfunden haben, ob bzw. wie sich diese Empfindung im Laufe der Übung verändert hat.

35 Blindes Sortieren

Typ:	Kooperations- und Koordinationsspiel
Ort:	drinnen (Gang mit Wand), draußen (glatte Wand des Schulgebäudes)
Dauer:	15 bis 25 Min.
Ziele:	sich gegenseitig unterstützen, aufeinander Rücksicht nehmen, sich konzentrieren, miteinander kommunizieren
Material:	Augenbinden

Vorbereitung:

Die Schüler stehen in einem Bereich, auf dem sich weder Hindernisse auf dem Boden befinden noch gefährliche Gegenstände an den Wänden befestigt sind. Alle stellen sich mit dem Rücken nebeneinander an eine glatte Wand und legen eine Augenbinde an.

Durchführung:

- Die Gruppe hat die Aufgabe, sich in Bezug auf ihre Namen in alphabetischer Reihenfolge aufzustellen (von A ganz links bis Z ganz rechts).
- Wenn die Gruppe sich entsprechend sortiert hat, nehmen alle die Augenbinde wieder ab und kontrollieren die Richtigkeit ihres Ergebnisses. Weitere Sortiermöglichkeiten sind z. B. Alter und Körpergröße.

Reflexionsphase:

Mögliche Fragen:

- Wie habt ihr es erlebt, diese Aufgabe blind durchzuführen?
- Welche Probleme traten während der Übung auf und wie habt ihr sie gemeistert?

36 Blindes Zählen

Typ:	Kooperations-, Kommunikations- und Konzentrationsspiel
Ort:	drinnen oder draußen
Dauer:	15 bis 25 Min.
Ziele:	miteinander kommunizieren, aufeinander Rücksicht nehmen
Material:	Augenbinden

Vorbereitung:

Die Schüler bilden einen Stuhl- oder Sitzkreis und legen Augenbinden an.

Durchführung:

Die Aufgabe der Gruppe ist es, sich durchzuzählen.

Die Spielregeln:

- Es darf nicht einfach reihum oder nach der Teilnehmer- bzw. Klassenliste abgezählt werden.
- Jeder muss eine Zahl nennen.
- Wird eine Zahl mehrfach genannt oder ein Mitspieler sagt eine zweite Zahl, so muss die Gruppe wieder von vorn, bei 1 anfangen.
- Die Schüler dürfen keine Strategie absprechen.

Variante:

Einfacher wird die Übung ohne Augenbinden durchgeführt.

Reflexionsphase:

Es bietet sich an, mit der Gruppe darüber ins Gespräch zu kommen, wie sie die Misserfolge empfunden und welche Strategie letztendlich zum Erfolg geführt hat.

37 Evakuierung

Typ:	Kooperations- und Koordinationsspiel
Ort:	drinnen
Dauer:	45 bis 60 Min.
Ziele:	sich gegenseitig unterstützen, aufeinander Rücksicht nehmen, gemeinsam planen und ein Ziel erreichen
Material:	Stühle, Tische, Augenbinden

Vorbereitung:

Für die Übung benötigt man einen Raum mit Tischen und Stühlen, der in der Nähe eines großen Gangs oder ebenerdig nahe am Schulhof gelegen ist.

Durchführung:

- Die Gruppe hat die Aufgabe, „in der Nacht" zu evakuieren, weil z. B. ein Erdbeben droht.
- Deswegen sollen alle Tische und Stühle aus einem Raum geräumt werden und nach draußen (z. B. auf den Gang oder den Schulhof) gebracht werden.
- Während der Übung sollen die meisten Schüler nichts sehen und legen Augenbinden an.
- Wenige Teilnehmer haben ein Nachtsichtgerät und können den anderen Anweisungen geben, dürfen aber selbst aufgrund von „Rückenbeschwerden" keine Gegenstände tragen.
- Bevor die Gruppe mit der Evakuierung beginnt, berät sie einen Evakuierungsplan (Ablauf, Einteilung und Aufgaben der Crewmitglieder).

Reflexionsphase:

Mögliche Fragen:

- Für nicht sehende Spieler: Wie habt ihr es erlebt, auf andere angewiesen zu sein?
- Für sehende Spieler: Inwiefern ist euch eure Verantwortung zur Last geworden?
- Für alle Spieler: Welche Schwierigkeiten haben sich während der Übung ergeben und wie habt ihr diese gelöst?
- Für alle Spieler: Wie habt ihr euch in eurer Rolle gefühlt? Was hättet ihr euch gewünscht?

38 Feuerbälle

Typ:	Kooperations-, Aktivierungs- und Koordinationsspiel
Ort:	drinnen, draußen
Dauer:	15 bis 25 Min.
Ziele:	schnell und genau zusammenarbeiten, aufeinander Rücksicht nehmen, sich wahrnehmen
Material:	5 verschieden große Bälle (z. B. Jonglierball, Tennisball, Handball, Volleyball, großer aufgeblasener Wasserball)

Vorbereitung:

Die Schüler bilden einen Stehkreis.

Durchführung:

- Der Lehrer wirft einem Schüler einen Ball zu, der ihn zu einem Mitschüler weiterwirft.
- Alle Spieler sollen genau ein Mal (!) an der Reihe gewesen sein, bevor der Ball wieder beim Lehrer angekommen ist.
- Zur besseren Übersicht können diejenigen, die schon an der Reihe waren, ihre Arme vor ihrem Oberkörper verschränken oder sich hinsetzen.
- Wichtig ist der Hinweis durch die Lehrkraft, dass sich jeder für die weiteren Runden merken muss, wem er den Ball zugeworfen hat, da der Ball auch in den weiteren Runden immer in der gleichen Reihenfolge von Mitspieler zu Mitspieler geworfen werden muss.
- In den folgenden Runden gibt der Spielleiter weitere Bälle ins Spiel und erhöht damit das Schwierigkeitsniveau.

Reflexionsphase:

Die Schüler können sich dazu äußern, ob der Spielverlauf die soziale Situation der Klasse widerspiegelt oder wie sich die Zusammenarbeit während der Übungen entwickelt hat.

39 Feuerkette

Typ:	Kooperatives Koordinationsspiel
Ort:	drinnen (Steinboden), draußen (Schulhof bei Windstille)
Dauer:	15 bis 25 Min.
Ziele:	Hand in Hand zusammenarbeiten, sich verständigen, ein gemeinsames Vorhaben planen und umsetzen
Material:	3 Päckchen Streichhölzer, 2 Kerzen, 4 mit 10 Liter Wasser gefüllte Eimer

Vorbereitung:

Start- und Zielpunkt liegen ca. 30 Meter auseinander. Im Startfeld befinden sich eine brennende Kerze und 3 Päckchen Streichhölzer. Im Ziel steht eine nicht brennende Kerze, zwischen Start und Ziel werden drei Eimer Wasser verteilt aufgestellt.

Durchführung:

- Die Gruppe hat die Aufgabe, die Kerze im Ziel anzuzünden.
- Bevor die Gruppe die Aufgabe umsetzt, soll sie zunächst ihr Vorhaben in einer Planungsphase von bis zu 5 Minuten besprechen.
- Der Lehrer hält einen Eimer mit Wasser bereit und bewegt sich während des Spiels in der Nähe der Schüler, deren Streichhölzer brennen, um diese im Bedarfsfall gleich in den Eimer werfen zu können.

Die Spielregeln und Sicherheitsvorschriften:

- Alle Teilnehmer müssen am Transport des Feuers beteiligt sein.
- Die Kerzen dürfen weder angefasst noch bewegt werden.
- Wer ein brennendes Streichholz in der Hand hat, darf seine Füße in diesem Moment nicht bewegen.
- Eine Person darf nicht mehr als drei Streichhölzer mit sich führen.
- Es dürfen keine Streichhölzer auf den Boden geworfen werden, sondern nur in einen der Wassereimer.
- Jeder muss mit Feuer verantwortlich umgehen (nicht werfen, nicht an Kleidung halten, Feuer nicht in die Höhe des Gesichts halten, andere nicht gefährden).
- Bei einem Regelverstoß muss die gesamte Gruppe zurück an den Ausgangspunkt.
- Bei diesem Spiel wird Feuer eingesetzt, deshalb darf das Spiel nicht in der freien Natur oder im Wald (Brandgefahr) durchgeführt werden. Als Untergrund sollte Stein- oder Teerboden gewählt werden.

Variante:

Jeder Teilnehmer bekommt eine Kerze. Diejenigen, deren Kerzen brennen, dürfen zu diesem Zeitpunkt ihre Füße nicht bewegen. Erst wenn die Kerze wieder ausgepustet ist, darf der Besitzer seinen Platz verlassen.

Reflexionsphase:

Die Teilnehmer tauschen sich darüber aus, was gelungen ist und wie sie die Aufgabe noch besser hätten lösen können.

40 Gefängnisausbruch

Typ:	Kooperations- und Koordinationsspiel
Ort:	drinnen (im Schulgebäude), draußen (Schulhof, Wald)
Dauer:	30 bis 45 Min.
Ziele:	miteinander kooperieren, sich absprechen, aufeinander Rücksicht nehmen, Verantwortung füreinander übernehmen
Material:	Seil (mindestens 10 mm dick, pro Schüler werden 2 Meter Seil berechnet), Augenbinden (für die Variante)

Vorbereitung:

Vor der Übung muss ein Seil vorbereitet werden. Am Seilanfang wird ein Sackstich geknotet (Foto). Der Durchmesser der Schlaufe sollte ca. 13 cm betragen, damit sie später über einen Fuß zum Fußgelenk gezogen werden kann. Alle 40 cm wird ein weiterer Sackstich geknotet. Man benötigt pro Schüler zwei Sackstiche. Es muss nicht unbedingt ein langes Seil sein, es können auch mehrere kürzere Seile an den Enden zusammengebunden werden.

Die Lehrkraft sucht einen Parcours aus, auf dem verschiedene Hindernisse sind (z. B. über etwas steigen, unter etwas durchkrabbeln). Start und Ziel sollten 40 und 70 Meter voneinander entfernt sein. Die Schüler legen die Schlaufen um die Fußgelenke. Dazu schlüpft der erste Schüler mit seinem linken Fuß in die erste Schlaufe und mit seinem rechten Fuß in die zweite Schlaufe. Dann zieht der zweite Schüler die dritte Schlaufe über seinen rechten Fuß und die vierte über seinen linken. Eventuell müssen die Schüler dafür kurz ihre Schuhe ausziehen.

Durchführung:

- Die an den Füßen gefesselte Gruppe hat die Aufgabe, aus einem Gefängnis (Start) auszubrechen und in die Freiheit (Ziel) zu gelangen.
- Auf diesem Weg befinden sich verschiedene Hindernisse.
- Bevor die Gruppe mit der Umsetzung beginnt, sollte sie kurz ihre Strategie beraten.

Variante:

Einige Spieler legen während der Übung Augenbinden an.

Reflexionsphase:

Anschließend können die Schüler überlegen, welche Schwierigkeiten sich während der Übung ergeben haben und wie diese gelöst wurden.

41 Gruppenpuzzle

Typ:	Kooperations- und Konstruktionsspiel
Ort:	drinnen
Dauer:	20 bis 30 Min.
Ziele:	miteinander kooperieren, nonverbal kommunizieren, Problemlösungsstrategien entwickeln
Material:	Kopien **Quadrate 1 bis 5 (M15.1 bis M15.5)**, Tische

Vorbereitung:

Für die Übung müssen zuvor die fünf **Quadrate M15.1 bis M15.5** kopiert, laminiert und ausgeschnitten werden. Auf einer freien Fläche wird ein Tisch in die Mitte gestellt. Sternförmig werden fünf weitere Gruppentische in einem Abstand von 2 m um den Tisch in der Mitte positioniert (siehe Skizze). Auf den mittleren Tisch werden die gemischten Quadratteile gelegt. Die Schüler werden in fünf Gruppen eingeteilt, denen jeweils ein Gruppentisch zugewiesen wird.

Durchführung:

- Jede Gruppe hat die Aufgabe, mit fünf Quadratteilen auf ihrem Gruppentisch ein vollständiges Quadrat zu bauen.

Die Spielregeln:

- Es dürfen nicht mehr als fünf Quadratteile gleichzeitig vom Tisch genommen werden.
- Teile, die nicht gebraucht werden, werden wieder auf den mittleren Tisch gelegt.
- Auf dem mittleren Tisch darf nicht konstruiert werden.
- Die Gruppen dürfen mit den anderen Gruppen Kontakt aufnehmen, um über benötigte Quadratteile zu verhandeln.
- Wenn eine Gruppe fertig ist, gibt sie es der Gesamtgruppe bekannt.
- Die Aufgabe ist erst gelöst, wenn alle Gruppen ein Quadrat auf ihren Gruppentischen konstruiert haben.

Varianten:

- Während der Übung darf nicht gesprochen werden.
- Pro Quadrat können weitere Quadratteile hinzugefügt werden, indem man einzelne Teile nochmals halbiert (schwerere Variante).
- Man kann auch fünfmal dasselbe Quadrat kopieren und für die Aufgabenstellung einsetzen (leichtere Variante).

Reflexionsphase:

Mögliche Fragen:

- Welche Probleme hattet ihr während der Übung und wie habt ihr sie gelöst?
- Wie seid ihr damit umgegangen, als ihr eure Quadratteile wieder hergeben musstet, damit alle Gruppen ihre Quadrate fertigstellen konnten?

42 Hochbau

Typ:	Kooperations- und Vertrauensspiel
Ort:	drinnen
Dauer:	15 bis 30 Min.
Ziele:	Zusammenarbeit einüben, andere wahrnehmen, andere und sich selbst einschätzen können, Berührungsängste abbauen, Vertrauen erleben
Material:	Stühle

Vorbereitung:

Es wird ein Stuhlkreis gebildet, der einen Stuhl mehr als die Schüleranzahl aufweist. Der eine Stuhl wird um 90 Grad gedreht und stellt eine unüberwindbare Mauer dar.

Durchführung:

Die Gruppe hat die Aufgabe, dass sich die Schüler nach ihren Vornamen alphabetisch im Uhrzeigersinn auf den Stühlen stehend sortieren.

- Kein Schüler darf den Boden berühren.

- Links von dem Stuhl, der die unüberwindbare Mauer symbolisiert, ist der Anfang des Alphabets.

- Nach Kenntnisnahme der Sicherheitsvorschriften stellen sich alle auf ihren Stuhl und überlegen gemeinsam, wie sie die Übung durchführen wollen und beginnen mit der Durchführung.

Die Lehrkraft gibt folgende Sicherheitsvorschriften:

- Wenn ein Schüler an einem anderen vorbeigeht, muss er gesichert werden (z. B. durch Festhalten).
- Alle Aktionen sind mit den Nachbarn abzustimmen.
- Die Aktionen müssen mit Bedacht und Ruhe ausgeführt werden.
- Es dürfen nicht mehr als zwei Aktionen gleichzeitig stattfinden.
- Hinter und vor den Stühlen dürfen keine Gegenstände stehen, die Schüler verletzen können.
- Bevor die Gruppe mit der Durchführung beginnt, muss sie ihre Strategie beraten.
- Um die Gefahr zu reduzieren, können auch Schüler als Sicherheitsleute beauftragt werden, die vom Boden aus die anderen durch vor sich gehaltene Hände vor dem Herunterfallen absichern.
- Es dürfen nur robuste, in sich steife Stühle benutzt werden.
- Wenn die Schüler sich nicht an die Sicherheitsvorschriften halten, birgt diese Übung Verletzungsgefahren in sich. Daher muss ein Augenmerk auf die sichere Umsetzung der Aufgabe gelegt werden.

Reflexionsphase:

Die Schüler äußern sich dazu, welche Situationen sie als brenzlig bzw. wie sie die Nähe zu den anderen empfunden haben.

43 Hoch hinaus (1)

Typ:	Kooperations-, Selbsterfahrungs- und Vertrauensspiel
Ort:	draußen auf einer Wiese
Dauer:	ca. 1 bis 2 Min. pro Schüler
Ziele:	Zusammenarbeit einüben, Zusammengehörigkeitsgefühl stärken, eigene Grenzen austesten, Angst überwinden, sich auf andere verlassen können, Selbstbewusstsein durch ein Erfolgserlebnis stärken
Material:	Aluminiumleiter (Länge: ca. 2,50 bis 2,80 m Länge), 4 Kletterseile (15 m, mindestens 10 mm dick), Kletterhelm

Vorbereitung:

Unter der obersten Sprosse der Leiter werden für den senkrechten Stand an jedem Seitenholm zwei Kletterseile befestigt.

Die Leiter wird auf einem waagrechten und weichen Untergrund (Waldboden, Wiese) aufrecht hingestellt und festgehalten.

An jedem der 4 Seile stehen mindestens 3 Schüler, die ihr Seil festhalten.

Jede Gruppe entfernt sich in einem Winkel von 45 Grad mit ihrem Seil in der Hand rückwärts von der Leiter (siehe Skizze), sodass die Leiter durch die gespannten Seile in der Senkrechten gehalten wird und zu keiner Seite umkippt.

Der untere Teil der Leiter wird von der Lehrkraft gesichert, indem sie sie während der Steigaktionen mit beiden Händen festhält und ihren Fuß zur Gewährleistung der Standfestigkeit auf die unterste Sprosse stellt.

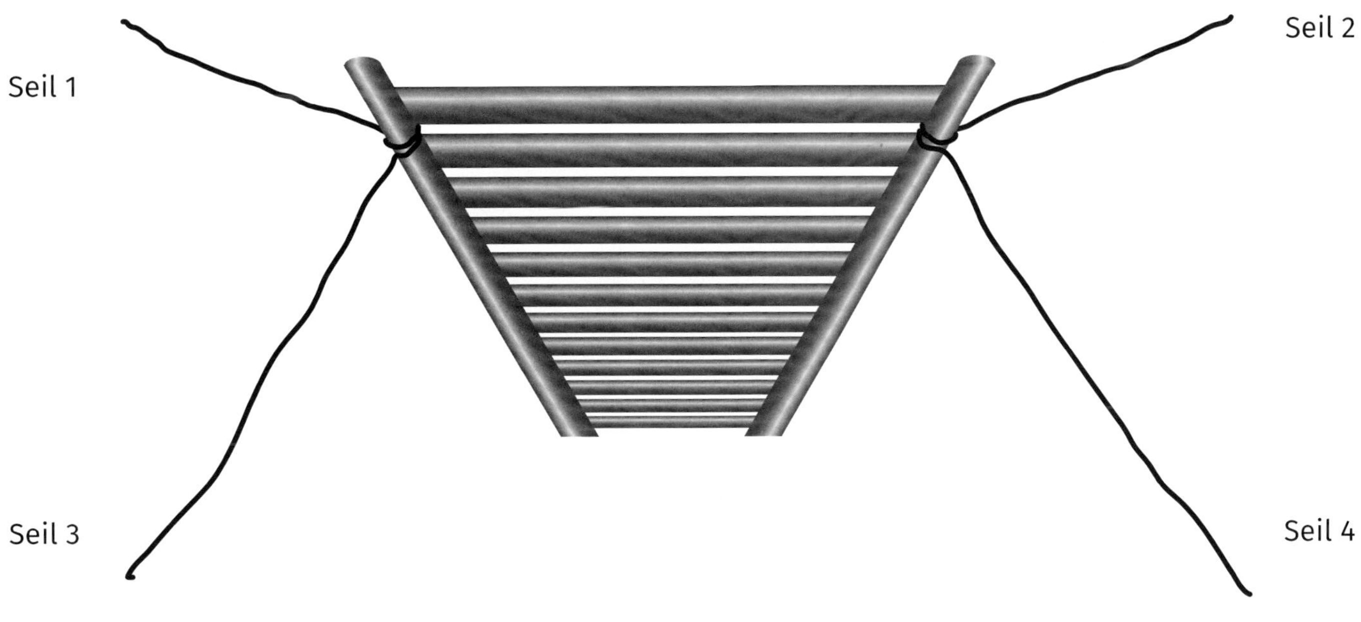

43 Hoch hinaus (2)

Durchführung:

Der erste Schüler kann langsam die Leiter so weit hinaufklettern, wie er es möchte.

- Wenn er es sich zutraut, darf er auch die oberste Sprosse übersteigen und auf der anderen Seite wieder absteigen.
- Wenn er wieder sicher auf dem Boden angekommen ist, erhält er von der Gruppe Applaus.
- Dann ist der nächste Freiwillige an der Reihe.

Die Lehrkraft gibt folgende Sicherheitshinweise:

- Vor der Aktion und zwischendurch müssen die Knoten überprüft werden, damit die Seile bei jeder Aktion fest genug an der Leiter befestigt sind.
- Der Lehrer muss darauf achten, dass bei jeder Steigaktion die Leiter genau senkrecht steht.
- Der Schüler, der die Leiter besteigen will, muss einen Helm aufsetzen.
- Der Schüler, der die Leiter hochsteigt, führt seine Aktion langsam aus.
- Die übrigen Schüler nehmen ihre Aufgabe konzentriert wahr und halten die Seile gleichmäßig gespannt fest.
- Die Sicherheitsanweisungen des Lehrers müssen – insbesondere bei Gefahr – befolgt werden.

Reflexionsphase:

Mögliche Fragen:

- Was fällt dir als Erstes ein, wenn du an diese Übung denkst?
- Was ging dir durch den Kopf, als du ganz oben gewesen bist (und die Seite gewechselt hast)?

44 Hofnarr – Ritter – Bär

Typ:	Kooperations- und Kommunikationsspiel
Ort:	drinnen, draußen
Dauer:	10 bis 15 Min.
Ziele:	miteinander kommunizieren, gemeinsam Entscheidungen treffen, den anderen wahrnehmen
Material:	–

Vorbereitung:

Für das Spiel benötigt man eine freie Fläche. Die Lehrkraft erinnert die Schüler zunächst an das beliebte Kinderspiel „Schnick, Schnack, Schnuck“ mit den Symbolen: Schere, Stein, Papier. Dieses soll nun zu einem Gruppenspiel mit bestimmten Figuren umgewandelt werden. Zunächst wird die Klasse in zwei gleich große Teams geteilt, die sich in zwei Reihen mit einem Abstand von 1,5 Metern gegenüber aufstellen, sodass die Teams sich gegenseitig anschauen können. Dann werden die Figuren eingeübt, da zu jeder Figur bestimmte Bewegungen und Geräusche gehören:

Der Hofnarr macht mit einem fröhlichen Gesichtsausdruck einen Schritt nach vorn, winkelt die Arme an, dreht die Hände locker hin und her und lacht: „Hihihi!“

Der Ritter macht einen Schritt nach vorn, hält mit beiden Händen ein (gedachtes) Schwert über dem Kopf, schlägt es nach unten und schreit mit ernstem Gesicht laut ein kurzes: „Ha!“

Der Bär macht einen Schritt nach vorn, streckt beide Pranken nach oben, zeigt seine Krallen und brüllt mit weit aufgerissener Schnauze: „Huaaaah!“

Durchführung:

- Die Teams besprechen in Bienenkorbgesprächen untereinander, welche Figur sie darstellen wollen.
- Hat ein Team sich auf eine Figur geeinigt, stellt es sich wieder als Reihe auf.
- Wenn beide Teams Aufstellung bezogen haben, stellen alle Mitspieler auf Kommando der Lehrkraft zeitgleich ihre Figuren dar.
- Wer die Spielrunde gewonnen hat, bekommt einen Punkt.
- Stellen beide Teams die gleiche Figur dar, bekommt niemand einen Punkt.
- Man kann bis zu einer festgelegten Punktzahl spielen oder solange beide Teams motiviert sind.

Die Spielregel:

- *Der Hofnarr* besiegt den Ritter beim Schachspielen.
- *Der Ritter* tötet mit seinem Schwert den Bären.
- *Der Bär* frisst den Hofnarren.

Reflexionsphase:

In der Auswertung kann beleuchtet werden, wie in den Gruppen Entscheidungen getroffen wurden.

45 Kartenhüpfer

Typ:	Kooperations- und Vertrauensspiel
Ort:	drinnen, draußen
Dauer:	25 bis 35 Min.
Ziele:	Berührungsängste abbauen, sich auf andere einlassen, einander vertrauen
Material:	Satz Karten „Elfer Raus!" (oder andere Karten in vier Farben)

Vorbereitung:

Die Mitspieler sitzen im Stuhlkreis. Der Lehrer stellt die Anzahl der Schüler fest und zählt entsprechend viele Karten ab bzw. ein paar mehr, sodass alle vier Kartenfarben (Rot, Grün, Blau und Gelb) gleich häufig vorkommen. Dann mischt der Lehrer die Karten und teilt jedem Schüler eine zu. Jeder muss sich die Farbe seiner Karte merken. Dann werden die Karten vom Lehrer wieder eingesammelt und neu gemischt.

Durchführung:

- Der Lehrer nimmt die erste Karte vom Stapel auf und nennt oder zeigt den Schülern die Farbe.
- Nun dürfen diejenigen, die diese Kartenfarbe haben, einen Platz nach links rutschen und sich auf den Schoß ihres Nachbarn setzen.
- Dann nennt oder zeigt der Lehrer die Farbe der nächsten Karte.
- Wer diese Farbe hat, rückt einen Platz nach links.
- Sollte ein Spieler aber „blockiert" sein, weil bereits mindestens ein Schüler auf seinem Schoß sitzt, darf er den Platz nicht wechseln.
- Das Spiel ist beendet, wenn ein Mitspieler nach einer Runde durch den gesamten Stuhlkreis zurück an seinen ursprünglichen Platz gelangt ist.

Sicherheitshinweis:

Während des Spiels passiert es oft, dass drei oder mehr Personen aufeinander auf einem Stuhl sitzen, was zur allgemeinen Belustigung in der Gruppe beiträgt. Diejenigen, die andere auf ihrem Schoß sitzen haben bzw. selbst auf einem Schoß sitzen, sollten möglichst gerade, mit eng zusammengehaltenen Beinen auf dem Stuhl oder auf dem Schoß sitzen, damit niemand zu Boden fallen und sich verletzen kann.

Reflexionsphase:

Mögliche Fragen:

- Habt ihr es schon mal erlebt, dass ihr trotz eines klaren Ziels vor Augen einfach nicht weitergekommen seid, weil euch irgendetwas blockiert hat? Wie war das?
- Wie würdet ihr euer Miteinander in der Klasse beschreiben? Welche Blockaden gibt es? Habt ihr Ideen, wie man diese Blockaden positiv für alle lösen kann?
- Ihr habt während der Übung viel gelacht. Wann findest du es okay, wenn man über dich lacht, wann nicht?

46 Kippelstuhl

Typ:	Kooperations- und Koordinationsspiel
Ort:	drinnen, draußen
Dauer:	15 bis 20 Min.
Ziele:	schnell und geschickt zusammenarbeiten
Material:	Stühle

Vorbereitung:

Die Spieler stellen sich im Stuhlkreis hinter ihre Stühle und drehen ihre Körper um 90 Grad nach links und stehen im Uhrzeigersinn. Nun erfasst jeder mit seiner rechten Hand die Rückenlehne seines Stuhls und zieht sie so zu sich, dass die Vorderbeine des Stuhls ca. 15 cm vom Boden abgehoben werden.

Durchführung:

- Die Aufgabe besteht darin, dass alle gleichzeitig im Uhrzeigersinn jeweils zum benachbarten Stuhl laufen, nur mit der rechten Hand dessen Rückenlehne ergreifen und dann weiter zum nächsten Stuhl laufen.
- Die Stühle dürfen von keinem anderen Körperteil berührt werden.
- Die Mitspieler müssen zuvor gemeinsam überlegen, wie sie die Aufgabe als Gruppe in einem festgelegten Zeitrahmen (ca. 10 Min.) am besten umsetzen können (indem z. B. einer das Kommando übernimmt) und wie viele Stuhlwechsel sie innerhalb der festgelegten Zeit schaffen wollen, ohne dass ein Stuhl umfällt oder mit allen vier Beinen den Boden berührt.
- Dann beginnt das Spiel.
- Sobald bei der Aktion ein Fehler (Stuhl fällt um oder berührt mit allen vier Beinen den Boden; Teilnehmer berührt Stuhl mit einem anderen Körperteil als der rechten Hand) auftritt, beginnt die Zählung der Platzwechsel durch die Lehrkraft wieder von vorn.

Reflexionsphase:

Mögliche Fragen:

- Wie seid ihr mit Misserfolgen umgangen?
- Wie habt ihr während der Übung miteinander kommuniziert? Angemessen? Unangemessen?
- Inwiefern hat sich eure Einstellung zur Übung mit der Zeit verändert?

47 Laserstrahlen

Typ:	Kooperations- und Koordinationsspiel
Ort:	drinnen, draußen (zwischen zwei Bäumen mit weichem Untergrund)
Dauer:	30 bis 40 Min.
Ziele:	sich gegenseitig unterstützen, einander vertrauen, Berührungsängste abbauen, miteinander kommunizieren, ein Vorhaben planen und umsetzen
Material:	3 Gummibänder à 4 m Länge, 2 Pfosten (Bäume oder 2 zweifach gestapelte Tische)

Vorbereitung:

Zwischen zwei Pfosten in ca. zwei Metern Abstand werden drei Gummibänder („Laserstrahlen") in unterschiedlicher Höhe (30 cm, 80 cm und 130 cm) gespannt.

Durchführung:

- Die Spieler stellen sich auf einer Seite des „Laserstrahlen-Zauns" (dem „Gefängnis") auf und müssen durch ihn hindurch die Seiten wechseln („ausbrechen").
- Ein Drittel der Mitspieler soll die niedrigen Laserstrahlen, ein Drittel die mittleren und ein Drittel die hohen Laserstrahlen übersteigen.
- Die Gummibänder („Laserstrahlen") dürfen nicht berührt werden, andernfalls muss der vermeintliche „Ausbrecher" wieder zurück auf die andere Seite ins „Gefangenenlager" und dann versuchen, über einen noch höheren „Laserstrahl" zu gelangen (z. B. statt über das Gummiband in einer Höhe von 30 cm über das in 80 cm Höhe steigen).

Die Spielregeln und Sicherheitsvorschriften:

- Niemand darf mit Anlauf über die Gummibänder springen (Verletzungsgefahr!).
- Eine Person darf, wenn sie waagrecht über ein Gummiband gehoben wird, nur mit dem Gesicht nach unten transportiert werden, damit sie sich, wenn sie unglücklicher Weise zu Boden fallen sollte, mit den Händen abfangen kann.
- Jeder ist nach seinem Transport vorsichtig auf dem Boden abzusetzen.
- Die Strategie und auch jede Einzelaktion müssen vorher in der Gruppe abgesprochen werden, um undurchdachte und waghalsige Aktionen zu vermeiden.
- Erkennt die Gruppe, dass sie eine falsche Strategie angewandt hat, darf sie auf eigenen Wunsch noch mal ganz von vorn beginnen.

Reflexionsphase:

Mögliche Fragen:

- Welches Gefühl hattest du in dem Moment, als du das Seil überwunden hast?
- Was hast du bei dieser Übung als unangenehm empfunden, was hat dir geholfen?

48 Laufende Acht

Typ:	Bewegungs-, Kooperations- und Koordinationsspiel
Ort:	drinnen (in einem großen Raum, Sporthalle), draußen
Dauer:	10 bis 15 Min.
Ziele:	miteinander kooperieren, aufeinander Rücksicht nehmen
Material:	–

Vorübung:

Die Schüler laufen langsam beginnend im Kreis und steigern ihre Geschwindigkeit zunehmend.

Durchführung:

Die Schüler sollen nun eine „liegende Acht" laufen – zunächst mit gemächlichem Anfangstempo, was im Laufe der Übung bis zur Höchstgeschwindigkeit gesteigert wird, ohne dass andere Läufer berührt werden.

Reflexionsphase:

Die Schüler beschreiben, wie sie sich an der Stelle arrangiert haben, wo sich die beiden Laufwege kreuzten.

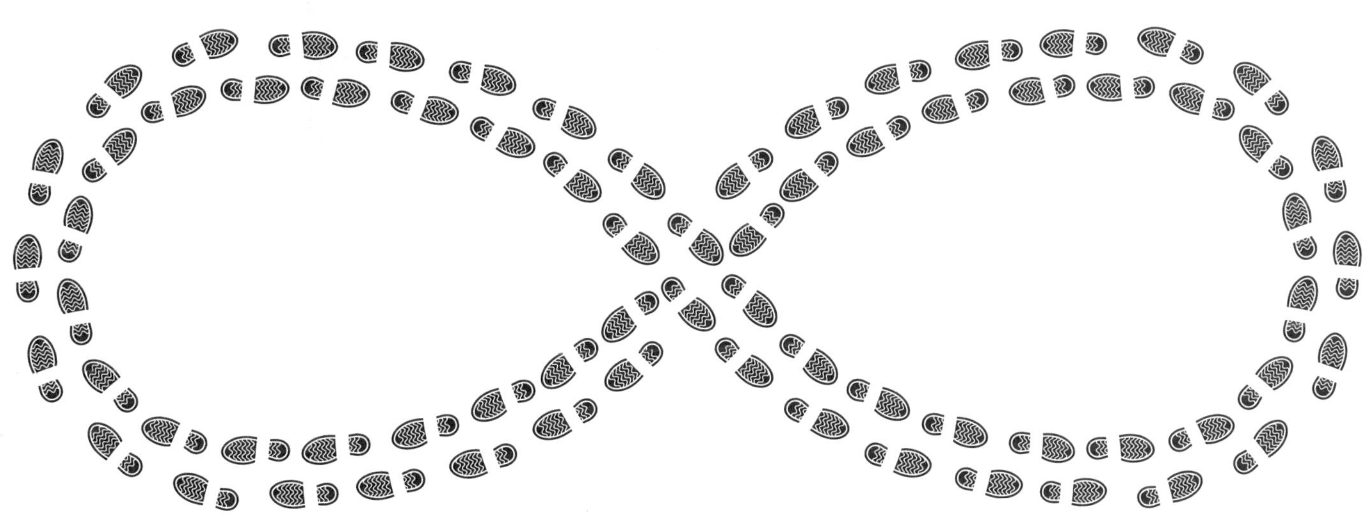

49 Nikolaustag

Typ:	Kooperations- und Koordinationsspiel
Ort:	drinnen (in einem großen Raum, Sporthalle), draußen
Dauer:	15 bis 20 Min.
Ziele:	miteinander kooperieren, Absprachen treffen, aufeinander Rücksicht nehmen
Material:	Seil (Länge 20 bis 30 m), Kopie **Das Haus vom Nikolaus (M16)**

Vorbereitung:

Für das Spiel benötigt man eine freie Fläche. In der Mitte wird ein Seil ausgelegt, das alle Schüler mit einer Hand anfassen.

Durchführung:

- Die Schüler haben die Aufgabe, in der Luft ein waagerechtes „Haus vom Nikolaus“ zu konstruieren.
- Wenn die Schüler nicht wissen, wie das „Haus vom Nikolaus“ aussieht, kann die Lehrkraft es anhand von **M16 Das Haus vom Nikolaus** zeigen oder an die Tafel zeichnen, ohne aber dabei schon den Lösungsprozess aufzuzeigen.

Die Spielregeln:

- Das Seil darf während des ganzen Spiels nicht losgelassen werden, nur das Verschieben der Hände am Seil ist erlaubt.
- Das Seil darf sich kreuzen, aber nicht auf einer Linie doppelt gelegt werden.
- Das „Haus vom Nikolaus“ muss in der Luft konstruiert werden und darf nicht vor der Fertigstellung auf dem Boden ausprobiert werden.

Reflexionsphase:

Nachdem die Schüler die Aufgabe gelöst und sie das „Haus vom Nikolaus“ auf dem Boden abgelegt haben, setzen sie sich in einem Kreis um das Haus. Dann kann jeder seine Rolle (z. B. Leiter, Ideengeber, Umsetzer, Zuschauer) während der Übung oder auch seine Frustrationstoleranz in Bezug auf den Fortgang dieser Übung reflektieren.

Musterlösung:

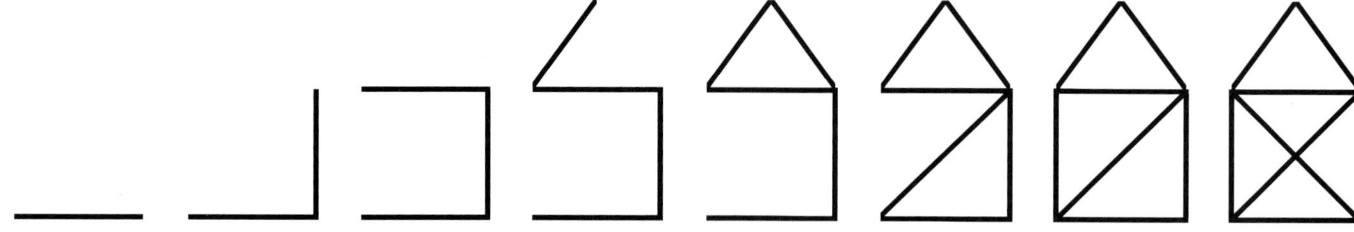

50 Ruhende Raupe

Typ:	Kooperations-, Koordinations- und Vertrauensspiel
Ort:	drinnen (in einem großen Raum) oder draußen
Dauer:	15 bis 25 Min.
Ziele:	miteinander kooperieren, sich gegenseitig vertrauen und aufeinander verlassen, Berührungsängste abbauen
Material:	Stühle, Stoppuhr

Vorbereitung:

Die Teilnehmer bilden einen großen Stuhlkreis. Der Abstand zwischen den Stühlen beträgt ca. 20 cm.

Durchführung:

- Die Teilnehmer setzen sich im Uhrzeigersinn auf ihre Stühle, die Füße stehen (in paralleler Position) links neben ihrem Stuhl.
- Jeder legt sich nun mit dem Rücken und mit dem Kopf auf die Oberschenkel seines Hintermannes.
- Dann zieht der Lehrer die Stühle zügig unter den Mitspielern weg und siehe da, die Gruppe „trägt sich selbst".
- Ziel ist es, so lange wie möglich in dieser Position zu verharren.
- Die Zeit, bis die „Raupe" zusammenbricht, wird gemessen, um die „Haltbarkeitsdauer" aus verschiedenen Spielrunden miteinander zu vergleichen.

Sicherheitshinweis:

Es sollte darauf geachtet werden, dass die Gewichtsunterschiede der Sitznachbarn nicht zu groß sind.

Reflexionsphase:

Die Teilnehmer beraten, wie sich die Raupe noch länger halten könnte, bevor ein erneuter Versuch gestartet wird.

51 Schwertransport

Typ:	Kooperations- und Koordinationsspiel
Ort:	draußen (Schulhof oder in der Natur)
Dauer:	30 bis 40 Min.
Ziele:	Konzentration fördern, miteinander zielorientiert kommunizieren können, präzise zusammenarbeiten
Material:	Gewebeplane (mind. 2 x 3 m), Eimer (Fassungsvermögen 10 Liter) gefüllt mit 4 l Wasser

Vorbereitung:

Der Lehrer legt die ca. 50 m voneinander entfernten Start- und Zielpunkte fest. Zwischen Start und Ziel sollten Hindernisse vorkommen. Am Start liegt eine ausgebreitete Gewebeplane. In deren Mitte steht ein Eimer mit 4 Litern Wasser.

Durchführung:

- Die Gruppe hat die Aufgabe, den gefüllten Eimer mit der Gewebeplane über einen festgelegten Parcours ins Ziel zu transportieren.
- Kein wertvolles Wasser darf dabei aus dem Eimer überschwappen.
- Bei der Durchführung müssen die Spieler mindestens mit einer Hand die Plane festhalten.

Reflexionsphase:

Abschließend können die Schüler darüber sprechen, wie sie miteinander während der Übung kommuniziert haben oder wie die Zusammenarbeit geklappt hat.

52 Sensible Ware

Typ:	Kooperations- und Koordinationsspiel
Ort:	draußen (Schulhof oder Natur)
Dauer:	30 bis 40 Min.
Ziele:	Konzentration fördern, präzise zusammenarbeiten
Material:	Rolle Toilettenpapier, Tesafilm

Vorbereitung:

Start- und Zielpunkt liegen ca. 70 m voneinander entfernt. Zwischen beiden Punkten sollten natürliche Hindernisse vorkommen.

Durchführung:

- Die Gruppe hat den Auftrag, eine aufgerollte Toilettenpapierrolle vom Start ins Ziel zu transportieren.
- Beim Transport ist zu beachten, dass die Klopapierschlange nicht reißen darf.
- Alle müssen während des Transports die Toilettenpapierschlange mit einer Hand festhalten.
- Vor Beginn der Übung hält die Gruppe noch eine kurze Planungsphase ab.

Varianten:

Für den Fall, dass die Toilettenpapierschlange doch reißt:

- Die Toilettenpapierschlange muss mit Tesafilm wieder zusammengeklebt werden.
- Alle müssen ihre Teilpapierschlangen ins Ziel transportieren. Dort wird der längste Teil gemessen.
- In einer nächsten Runde versucht die Gruppe, eine längere Klorolle ins Ziel zu bringen.

Reflexionsphase:

Die Schüler können anschließend darüber sprechen, wie die Gruppe miteinander während der Übung kommuniziert hat oder wie sie mit Misserfolgen umgegangen ist.

53 Streichholzturm

Typ:	Kooperatives Konstruktionsspiel
Ort:	drinnen
Dauer:	20 bis 30 Min.
Ziele:	sich als Teil einer Gruppe verstehen, sich gegenseitig motivieren, zu seiner Schwäche bzw. Stärke stehen können, Disziplin einüben
Material:	100 Streichhölzer (mit 10 cm Länge), Tisch

Vorbereitung:

Die Gruppe sitzt in einem Stuhlkreis, in dessen Mitte ein Tisch steht. Jeder Mitspieler erhält ein Streichholz.

Durchführung:

- Die Gruppe hat die Aufgabe, die Streichhölzer auf dem Tisch zu einem Turm aufzuschichten.
- Dabei ist zu beachten, dass jeweils drei Streichhölzer zu einem gleichseitigen Dreieck gelegt werden, worauf versetzt neue gleichseitige Dreiecke geschichtet werden (siehe Skizze).
- Die Streichhölzer, die bereits auf dem Turm liegen (bis auf das letzte eigene), dürfen nicht nachjustiert werden.
- Bricht der Turm zusammen oder ein Streichholz fällt runter, so beginnt der Bau von vorn.
- Es darf immer nur ein Teilnehmer sein Streichholz auf dem Tisch ablegen.
- Die anderen müssen währenddessen auf ihren Stühlen sitzen bleiben.
- Jeder muss sein Streichholz im Laufe einer Runde auf dem Turm ablegen.
- Niemand darf sein Streichholz an einen anderen Mitspieler abgeben.
- Die Gruppe muss festlegen, wer wann an der Reihe ist.
- Erst wenn alle Streichhölzer verbraucht sind, dürfen sich die Mitspieler für die nächste Runde neue Hölzchen holen.
- Bei einem erneuten Versuch kann die Gruppe probieren, ihre alte Rekordmarke zu brechen.

Varianten:

- Wetttürmen auf Zeit: Die Aufgabe soll in Kleingruppen (bis zu 6 Personen) an Gruppentischen gelöst werden. Dafür haben die Gruppen fünf Minuten Zeit.
- Die Gruppe mit dem höchsten Turm hat gewonnen. Hierfür benötigt man pro Gruppe 100 Streichhölzer.
- Schwierigere Spielform: Es können auch Mikados eingesetzt werden.

Reflexionsphase:

Mögliche Fragen:

- Wie ist man mit dem Druck umgegangen, als der Turm schon halbhoch gebaut war und man das Streichholz ablegen sollte?
- Was hat einem währenddessen geholfen oder gestört?
- Was wünscht man sich in Zukunft von der Gruppe bzw. den anderen in einer ähnlichen (Spiel-)Situation?

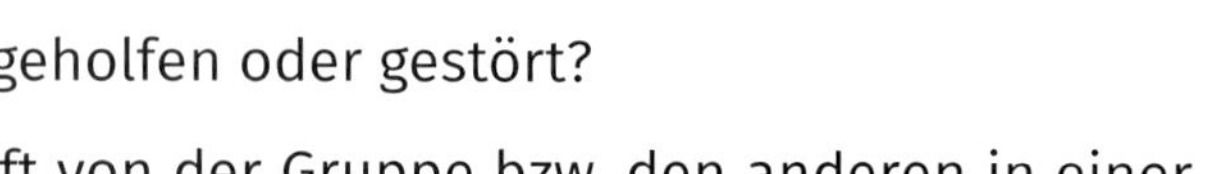

54 Sumpfüberquerung

Typ:	Kooperations- und Koordinationsspiel
Ort:	Turnhalle, Flur, Sportplatz, Schulhof
Dauer:	30 bis 40 Min.
Ziele:	Verantwortung übernehmen, eine gemeinsame Strategie entwickeln und umsetzen, Berührungsängste abbauen, sich gegenseitig unterstützen und verständigen
Material:	ein Teppichstück (à 20 x 30 cm) als „Floß“ pro Person

Vorbereitung:

Vor der Übung müssen so viele Teppichstücke zugeschnitten werden, wie Schüler bei diesem Spiel mitspielen.

Durchführung:

- Die Gruppe soll trockenen Fußes einen „Sumpf“ (z. B. ein Volleyballfeld) überqueren.
- Dazu erhält jeder ein „Floß“.
- Nach den Erläuterungen der folgenden Spielregeln hat die Gruppe eine kurze Beratungszeit.

Die Spielregeln:

- Das „Floß“ darf im „Sumpfgebiet“ nur dann von der Stelle bewegt werden, wenn es mit den Händen aufgehoben und an eine andere Stelle gelegt wird.
- Berührt ein Mitspieler versehentlich den „Sumpf“ (Boden), muss er sein Floß abgeben und das eines benachbarten „Floßfahrers“ mitbenutzen.
- In dem Sumpf schwimmen „Krokodile“ (z. B. Lehrkräfte), die herrenlose Flöße stehlen dürfen.
- Wenn ein Floß von einem Mitspieler in irgendeiner Weise berührt wird (z. B. mit einem Finger oder einem Zeh), darf es nicht von den Krokodilen entwendet werden.
- Die Aufgabe ist gemeistert, sobald die Gruppe am anderen Ufer angelangt ist.

Reflexionsphase:

Mögliche Fragen:

- Konntet ihr eure Strategie wie geplant umsetzen? Wenn nicht, warum nicht?
- Welche Schwierigkeiten haben sich während der Sumpfüberquerung ergeben und wie habt ihr sie gelöst?

55 Vertrauensfall

Typ:	Kooperations- und Vertrauensübung
Ort:	drinnen, draußen
Dauer:	pro Schüler 1 Min.
Ziele:	Verantwortung übernehmen, sich vertrauen und unterstützen
Material:	Tisch

Vorbereitung:

Alle Spieler müssen zunächst scharfe und kantige Gegenstände wie Uhren, größere Ohrstecker, dicke Gürtelschnallen etc. ablegen. Die Mitspieler (mindestens 10) stellen sich Schulter an Schulter in zwei Reihen (mit 60 bis 80 cm Abstand) gegenüber auf. Ihre Arme ordnen sie, ohne sich an den Händen zufassen, wie bei einem Reißverschluss an. Um Gelenkverletzungen zu vermeiden, stellen sie sich stabil und mit leicht federnden Knien auf.

Durchführung:

Ein Mitspieler steht auf einem stabilen Tisch, verschränkt seine Hände vor der Brust und lässt sich rückwärts auf die Arme der Fänger fallen.

Die Spielregel muss in dieser Abfolge eingehalten werden:

1. Der Mitspieler, der sich fallen lässt, streckt zuvor seine Arme nach oben, um die Fänger nicht zu verletzen, und fragt die anderen: „Seid ihr bereit?“
2. Wenn die Fänger bereit sind, antworten sie: „Ja. Wir sind bereit!“
3. Dann ruft er: „Ich falle!“ und lässt sich fallen.

Sicherheitshinweis:

Achtung! Dieses Spiel kann, wenn die Regel nicht eingehalten wird, sehr gefährlich werden. Deshalb sollte man es nur dann durchführen, wenn das Verhältnis der Mitspieler intakt ist. Auch darf niemand bei diesem Spiel zur Teilnahme gezwungen werden. Die kräftigsten Mitspieler und der Lehrer sollten dort stehen, wo das Hinterteil des Fallenden landet.

Variante:

Als leichtere Durchführung lässt sich der Fallende vorwärts in gestreckter Haltung (!) in die Arme der Fänger fallen.

Reflexionsphase:

Mögliche Fragen sind:

- Was hast du kurz vor dem Fallenlassen gedacht?
- Was hast du gedacht, als du wieder auf festem Boden warst?

56 Wackelbrett (1)

Typ:	Kooperatives Koordinationsspiel
Ort:	drinnen
Dauer:	25 bis 40 Min.
Ziele:	gemeinsam ein Ziel erreichen, sich gegenseitig motivieren und unterstützen
Material:	Wackelbrett, Ball aus Kork (Durchmesser: 35 mm), 80 handelsübliche Bauklötzchen aus Holz, Augenbinde oder Schlafmaske (für eine der Varianten)

Vorbereitung:

Die Klasse sitzt in einem Stuhlkreis. In der Mitte wird das Wackelbrett aufgebaut (Bauanleitung siehe auf der folgenden Seite). Jeder Schüler erhält ein Bauklötzchen.

Durchführung:

- Die Gruppe hat die Aufgabe, möglichst viele Bauklötzchen auf das Wackelbrett zu legen.
- Die Gruppe kann bei erneuten Versuchen probieren, ihre alte Rekordmarke zu brechen.

Die Spielregeln:

- Die Klasse muss sich absprechen, wer wann an der Reihe ist.
- Jeder Teilnehmer ist eingebunden und darf sein Bauklötzchen nicht weitergeben.
- Es darf immer nur ein Schüler am Wackelbrett sein. Die anderen sitzen währenddessen auf ihren Stühlen, dürfen aber mit Tipps unterstützen.
- Die Bauklötzchen, die bereits von den Vorgängern auf dem Wackelbrett abgelegt worden sind, dürfen nicht verschoben werden.
- Erst wenn alle Bauklötzchen verbaut sind, dürfen sich die Teilnehmer für die nächste Runde neues Material holen.
- Wenn das Wackelbrett von der Halterung rutscht und auf den Boden fällt, darf die Gruppe einen erneuten Versuch starten.

Varianten:

- Leichter: Immer zwei Spieler dürfen ihre Bauklötzchen gleichzeitig auf das Wackelbrett legen.
- Schwieriger: Zwei Schüler dürfen gleichzeitig ihre Bauklötzchen auf dem Wackelbrett ablegen, wobei einer eine Augenbinde bzw. Schlafmaske trägt und „blind" ist.
- Schwerer: Wenn ein Spieler ein Bauklötzchen auf ein anderes legt, dürfen die nachfolgenden Teilnehmer ihre Bauklötzchen nur noch auf der gleichen Ebene oder auf einer höheren Ebene ablegen. Das Ablegen auf einer unteren Ebene als das höchst liegende Bauklötzchen ist untersagt.

56 Wackelbrett (2)

Reflexion:

Mögliche Fragen:

- Was war störend, als ihr in der Mitte am Wackelbrett wart?
- Was hat euch geholfen, als ihr euer Bauklötzchen auf das Wackelbrett ablegen wolltet?

Bauanleitung zur Herstellung des Wackelbretts:

(Holz und Material im Baumarkt erwerben)

Wackelbrett:

Eine Sperrholzplatte aus Buche (40 x 40 cm, Stärke 6 mm) zusägen lassen.

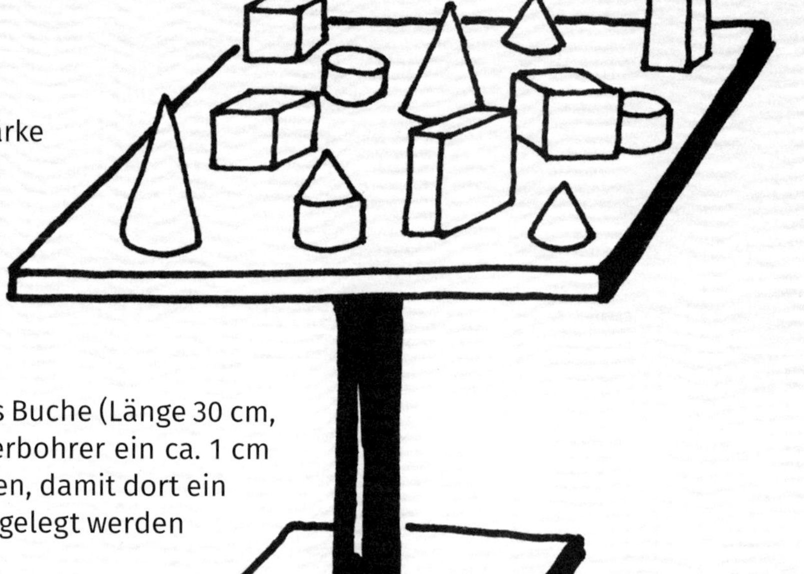

Sockel:

Eine Multiplexplatte (20 x 20 cm, Stärke 24 mm) ebenfalls in einem Baumarkt zusägen lassen. In die Mitte der Multiplexplatte mit einem Forstnerbohrer (Astlochbohrer) ein durchgängiges Loch (Durchmesser 25 mm) bohren.

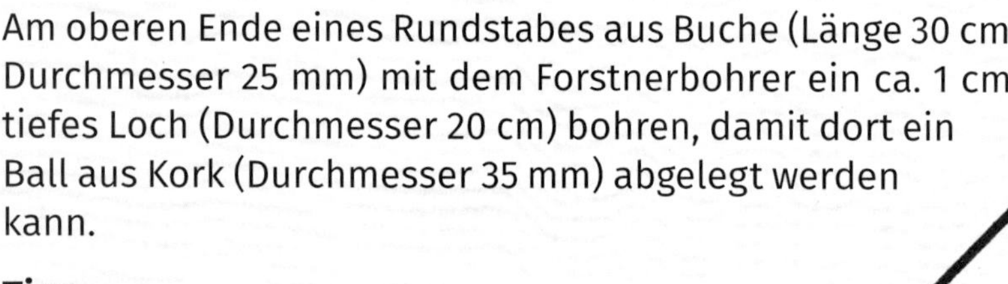

Am oberen Ende eines Rundstabes aus Buche (Länge 30 cm, Durchmesser 25 mm) mit dem Forstnerbohrer ein ca. 1 cm tiefes Loch (Durchmesser 20 cm) bohren, damit dort ein Ball aus Kork (Durchmesser 35 mm) abgelegt werden kann.

Tipp:

Bei Bedarf das Material aus Holz einölen oder lasieren, um es bei Gebrauch vor schneller Verschmutzung zu schützen.

Aufbau:

Den Rundstab in die Plattform stecken, den Korbball oben in das Loch des Rundstabes legen und das Wackelbrett darauf ausrichten, sodass es nicht herunterfällt.

Einfachere Variante für den Sockel:

Einen runden Kabelkanal aus dem Baumarkt oder ein Rohr (Länge 30 cm, Durchmesser 20 bis 25 mm) in einen Eimer (5 Liter) mit Sand stecken und den Ball aus Kork oben darauflegen.

57 Wasserträger

Typ:	Kooperatives Koordinationsspiel
Ort:	draußen (Wald mit Bach oder Schulhof mit Wasserquelle)
Dauer:	25 bis 35 Min.
Ziele:	Hand in Hand zusammenarbeiten, sich verständigen, ein gemeinsames Vorhaben planen und umsetzen
Material:	5 handelsübliche Autowaschschwämme, ein Eimer (10 Liter), Augenbinden (für die Variante)

Vorbereitung:

Rund 50 Meter von einer Wasserquelle (Bach oder Wasserfass) wird der Eimer aufgestellt. Die Gruppe erhält 5 Schwämme.

Durchführung:

- Die Gruppe hat die Aufgabe, 10 Liter Wasser mithilfe von Schwämmen von der Wasserquelle in den Eimer zu befördern.
- Bevor die Gruppe die Aufgabe umsetzt, soll sie sich mit den Regeln befassen und ihr Vorhaben zunächst in einer Planungsphase von 5 Minuten besprechen.

Die Spielregeln:

- Alle Teilnehmer müssen am Transport beteiligt sein.
- Die Schwämme dürfen weitergegeben oder auch geworfen werden.
- Personen, die keinen Schwamm berühren, dürfen sich frei bewegen.
- Wer einen Schwamm in der Hand hält oder berührt, darf seine Füße in diesem Moment nicht von der Stelle bewegen.
- Bei Regelverstoß der Teilnehmer nimmt der Spielleiter den Schwamm wieder ab und bringt ihn zur Wasserquelle zurück. Von dort darf er wieder eingesetzt werden.
- Wenn ein Schwamm auf den Boden fällt, wird er auch vom Spielleiter zur Wasserquelle zurückgebracht und darf von dort aus erneut benutzt werden.
- Den Zieleimer darf niemand verrücken.

Variante:

In der Durchführungsphase haben einige gekennzeichnete Teilnehmer ein „Handicap“ und spielen „stumm“ oder „blind“, d. h., sie dürfen während der Übung nicht sprechen oder müssen eine Augenbinde anlegen.

Reflexionsphase:

Die Teilnehmer tauschen sich darüber aus, wie sie Entscheidungen bzgl. ihrer Strategie getroffen haben und wie sie ggf. mit Frustrationen umgegangen sind.

58 Zurück zur Basisstation

Typ:	Kooperationsspiel
Ort:	draußen (Schulhof, Waldstück)
Dauer:	20 bis 30 Min.
Ziele:	sich verschiedener Handicaps bewusst werden, sich gegenseitig unterstützen, Verantwortung für andere übernehmen
Material:	**Rollenkarten (M17)**, Trillerpfeife, Uhr

Vorbereitung:

Die Lehrkraft kopiert die **Rollenkarten M17** und schneidet sie aus. Für jeden Schüler sollte eine Rollenkarte vorhanden sein.

Durchführung:

- Die Schüler versammeln sich in der Basisstation.
- Jeder bekommt eine Rollenkarte, die er sich aber erst später ansehen darf.
- Bei diesem Spiel geht es darum, sich gegenseitig zu unterstützten und die Aufgabe gemeinsam zu bewältigen.

Die Spielregeln:

- Alle stellen sich im Kreis mit dem Gesicht nach außen auf.
- Auf Kommando gehen alle so lange gerade aus, bis nach ca. 30 Sek. der Pfiff des Lehrers ertönt.
- Erst jetzt dürfen die Rollenkarten gelesen werden. Während des Spiels muss sich jeder an die Rollenanweisung halten.
- Die Klasse hat die Aufgabe, dass alle Schüler wieder in die Basisstation zurückkehren.

Reflexionsphase:

Mögliche Fragen:

- Was fandet ihr schwierig?
- Wie habt ihr es zusammen geschafft, wieder in die Mitte zu kommen?
- Wie habt ihr während der Übung euer Handicap erlebt?

59 Zusammenbruch

Typ:	Kooperations- und Vertrauensspiel
Ort:	drinnen, draußen
Dauer:	10 bis 15 Min.
Ziele:	einander vertrauen, Berührungsängste abbauen, sich gegenseitig unterstützen, aufeinander Rücksicht nehmen
Material:	Musik, CD- oder MP3-Player mit Lautsprecher

Vorbereitung:

Auf einer freien Fläche bilden die Schüler einen Kreis, zählen sich von eins bis sechs ab und merken sich ihre Zahl.

Durchführung:

- Die Lehrkraft schaltet Musik an und die Schüler bewegen sich dazu im Raum.
- Etwa alle 10 Sekunden hält die Lehrkraft die Musik an und ruft eine Zahl zwischen eins und sechs.
- Daraufhin schreit derjenige, dessen Zahl aufgerufen worden ist, laut auf und fällt anschließend langsam zu Boden, als fiele er plötzlich in Ohnmacht.
- Die Nachbarn sollen blitzschnell reagieren, ihn im Fallen auffangen und wieder aufrichten.
- Danach ertönt die Musik erneut und alle bewegen sich wieder im Raum.

Reflexionsphase:

Mögliche Fragen:

- Welche Situation hast du für dich als schwierig empfunden?
- Hat sich dein Vertrauen zu der Gruppe im Laufe der Übung verändert?
- Wie habt ihr die Verantwortung füreinander erlebt?

60 Wortnetz „Mobbing“

Typ:	Gesprächskreis
Ort:	drinnen
Dauer:	15 bis 25 Min.
Ziele:	in die Thematik „Mobbing“ einführen, sich einen Überblick über den Erfahrungshintergrund der Schüler verschaffen
Material:	**Wortkarten Mobbing-Akteure (M18.1 und M18.2), Mitläufer und Verstärker (M18.3), Zuschauer und Verteidiger (M18.4), Mobbingbetroffener (M18.5 und M18.6)**

Vorbereitung:

Die Schüler sitzen im Stuhlkreis. In der Mitte werden die ausgeschnittenen **Wortkarten M18.1 bis M18.6** gemischt und ausgelegt.

Durchführung:

- Jeder Schüler nimmt sich eine Karte, die er mit dem Begriff „Mobbing“ verbindet.
- Anschließend werden die Gedanken zu den Begriffen auf den Karten reihum vorgestellt.

Hinweis:

Bei den Begriffen handelt es sich um Verhaltensweisen und Haltungen der verschiedenen Beteiligten innerhalb des Mobbing-Systems (Mobbing-Akteure, Mitläufer, Verstärker, Zuschauer, Verteidiger und Mobbingbetroffener). Nach dieser Übung kann mit der **70. Übung „Mobbing-System“** weitergearbeitet werden.

61 Cyber-Mobbing

Typ:	Filmanalyse, Sensibilisierungsübung, Gruppenarbeit
Ort:	drinnen
Dauer:	45 bis 60 Min.
Ziele:	sich in Mobbingopfer einfühlen können und unterstützen, konkrete Anti-Mobbing-Strategien für Opfer entwickeln
Material:	Video „Let's fight it together" (das Original mit deutschen Untertiteln siehe unter: www.youtube.com/watch?v=hYrDbGzZVUQ), DVD-Player, Beamer/TV, Plakate, Moderationsmarker pro Gruppe

Vorbereitung:

Der Kurzfilm „Let's fight it together" (6:31 Min.) wird zum Abspielen vorbereitet.

Durchführung:

- Die Schüler schauen sich den Film „Let's fight it together" an. Er handelt von dem Jungen Joe, der Opfer von Cyber-Mobbing wird, und einen guten Einblick in die Situation und die Gefühlswelt eines Mobbingbetroffenen bietet.
- In einer ersten Reflexionsrunde sollen die Schüler sich dazu äußern, was sie betroffen macht, wenn sie über Joe nachdenken.
- Im weiteren Gesprächsgang kann mit folgenden Fragen die Situation Joes näher beleuchtet werden.

Fragen zur Situation von Joe:

- Was haben die Mobber getan, um Joe fertigzumachen?
- Wie hat sich die Situation für Joe während des Films verschlechtert?
- Was war eurer Ansicht nach das Schlimmste daran, als er online per Smartphone bzw. per Computer gemobbt wurde?
- Was hat Joe geholfen, nicht mehr Opfer von Mobbing-Attacken zu werden?

- Nach dieser Gesprächsphase bilden die Schüler 4er- bis 6er-Gruppen und erhalten den Auftrag, Ideen zu entwickeln, was man tun kann, um Opfern von Cyber-Mobbing zu helfen.
- Die Ergebnisse sollen auf einem Plakat festgehalten werden.
- Für diese Gruppenarbeit haben die Schüler 20 bis 25 Minuten Zeit.
- Anschließend werden die Plakate verteilt im Klassenraum aufgehängt, damit jeder sie bei einem Rundgang anschauen und durchlesen kann.

Reflexionsphase:

Jeder sagt, was er tun würde, um einer Person wie Joe zu helfen.

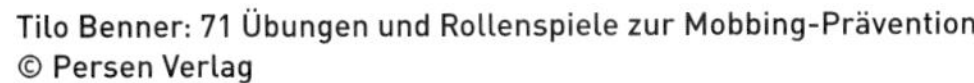

62 Eselstreit

Typ:	Kooperations- und Wettkampfspiel, Unterrichtsgespräch
Ort:	drinnen
Dauer:	2 Min. pro Spieldurchgang
Ziele:	erkennen, dass Kooperation mehr Erfolg bringt als Konkurrenz, konstruktive Konfliktlösungen erarbeiten
Material:	Spanngurt, 2 Tische, 2 Stühle, viele Bonbons, Stoppuhr, **Esel-Puzzle (M19)**, Tafel

Vorbereitung:

Vier Wänden eines Raums gegenüber werden jeweils zwei Tische und zwei Stühle gestellt. Aus der Gruppe werden zwei etwa gleich starke Spieler ausgewählt, die restlichen Schüler setzen sich an die Wände und schauen zu. Die beiden Spieler werden mit einem Spanngurt um die Hüfte Rücken an Rücken in einem Abstand von ca. 50 cm zusammengebunden. Jeder Spieler erhält einen Tisch und einen Stuhl. Auf den Tischen liegen jeweils 20 Bonbons.

Durchführung:

- Die Spieler stehen zu Beginn des Spiels in der Mitte des Raums.
- Die Spieler erhalten die folgende Spielanweisung:

Das Spiel dauert genau eine Minute. Ihr dürft den Spanngurt nicht lösen. Ihr habt die Aufgabe, in dieser Minute möglichst viele Bonbons von eurem Tisch zu holen und auf euren Stuhl zu legen. Ihr dürft aber immer nur ein Bonbon holen. Erst wenn ihr das Bonbon auf euren Stuhl gelegt habt, dürft ihr wieder ein neues holen.

- Für den ersten Spieldurchgang sollten zwei Spieler ausgewählt werden, die dieses Spiel als Konkurrenzspiel auffassen, damit die folgenden Runden ebenfalls als Konkurrenzspiel durchgeführt werden.
- Nach jeder Spielrunde wird die Beute gezählt und an der Tafel notiert.
- Nachdem alle Schüler dieses Spiel gespielt haben, verteilt der Lehrer jeweils ein **Esel-Puzzle M19** an die Teams mit dem Hinweis, dass man dieses Spiel erfolgreicher spielen könnte.
- Das Team, das auf die Lösung kommt, darf dieses Spiel nun kooperativ spielen.

Reflexionsphase:

Die verschiedenen Konfliktlösungen (Sieg-Niederlage-Schema, konstruktive Lösung) können von den Schülern reflektiert werden.

63 Freundliche Beschwerde

Typ:	Rollenspiel
Ort:	drinnen
Dauer:	45 bis 55 Min.
Ziele:	deeskalierende Kommunikationsformen erlernen, angemessen Kritik äußern können, Empathie einüben, sich der Wirkung der aggressiven Anmache einerseits und der freundlichen Beschwerde andererseits bewusst werden
Material:	Kopien **Ärgermitteilung (M20.1)**, Karten **Konfliktsituationen (M20.2)**

Vorbereitung:

Die Schüler sitzen in einem halboffenen Stuhlkreis. Als Hinführung zum Rollenspiel stellt die Lehrkraft den Schülern diese kurze Szene vor:

Eine Person wirft dir in der Klasse aus Versehen einen Ball gegen den Kopf. Dir tut anschließend der Kopf weh.

Die Schüler sollen sich nun spontan äußern, wie sie reagieren würden und was sie zu dem „Täter" sagen würden. Anschließend werden mit der Gruppe einige der genannten Reaktionen auf ihre möglichen Folgen hin reflektiert.

Durchführung:

- Mithilfe des Informationsblatts **M20.1 Ärgermitteilung** werden die beiden Strategien „aggressive Anmache" und „freundliche Beschwerde" mit den Schülern besprochen.
- Danach bereiten die Schüler in Partnerarbeit ein Rollenspiel vor, in dem sie für eine Konfliktsituation aus **M20.2 Konfliktsituationen** oder eine frei erfundene bzw. schon erlebte Situation die freundliche Beschwerde anwenden sollen.
- Alle anderen würdigen die vorgeführten Rollenspiele mit Applaus und bewerten jeweils, ob die drei Schritte der freundlichen Beschwerde angewandt worden sind und ob diese zur konstruktiven Lösung des Konflikts beigetragen haben.
- Die Schüler erhalten den Auftrag, die freundliche Beschwerde im Alltag auszuprobieren, um in einer der nächsten Stunden über ihre Erfahrungen zu berichten.

64 Gewalt?

Typ:	Einzelarbeit, Einschätzungs- und Sensibilisierungsübung, Diskussion, Gesprächskreis
Ort:	drinnen
Dauer:	50 bis 85 Min.
Ziele:	mit Gewalt auseinandersetzen, Intensität von Gewalt einschätzen, für Gewaltopfer sensibilisieren, verschiedene Gewaltformen unterscheiden
Material:	Kopien **Ist das Gewalt? (M21.1)**, Karten **Gewalt oder keine Gewalt? (M21.2)**, **Situationskarten 1 und 2 zum Thema „Gewalt“ (M21.3 und M21.4)**, OHP-Folie und Kopien **Gewalt (M21.5)**, Karten **Gewaltformen (M21.6)**

Vorbereitung:

Die Lehrkraft bereitet zuvor alle Materialien vor.

Durchführung:

1. Einzelarbeitsphase (5 bis 10 Min.):

- Alle Schüler erhalten das Arbeitsblatt **M21.1 Ist das Gewalt?** und schätzen die Situationen bezüglich ihrer Gewaltintensität auf einer Skala von 1 bis 10 ein.

2. Gruppenphase (10 bis 15 Min.):

- Die Schüler bilden 6er-Gruppen. Jede Gruppe erhält die Karten **M21.2 Gewalt oder keine Gewalt?** und die **Situationskarten 1 und 2 zum Thema „Gewalt“ M21.3 und M21.4**.
- In den Gruppen werden die beiden Karten „Gewalt“ und „Keine Gewalt“ als Pole gegenüber auf einem Tisch ausgelegt.
- Die Gruppe hat die Aufgabe, über die Gewaltintensität der ersten Situation zu diskutieren und die entsprechende Situationskarte auf dem Tisch zwischen den beiden Polen zu positionieren.
- Dann ist die zweite Situation an der Reihe.

3. Rundgang (10 bis 25 Min.):

- Wenn alle Gruppen fertig sind, werden die Gruppenergebnisse dem Plenum bei einem Rundgang präsentiert und erläutert.
- Die Lehrkraft kann auch jede Gruppe an den Tischen interviewen:
  - Warum sie die jeweiligen Karten an die betreffenden Stellen gelegt hat.
  - Inwiefern hier Gewalt vorliegt.
  - Welches Gefühl das Opfer in dieser Situation wohl empfinden könnte.
- Die Zuhörer erhalten Gelegenheit, sich kurz zu äußern, welche Positionierung sie überrascht.

4. Gesprächsphase im Plenum (25 bis 35 Min.):

- Die Schüler bilden einen Stuhlhalbkreis vor der Projektionsfläche des OHP-Projektors.
- Die Schüler sollen sich spontan zu der allgemeinen Frage der Lehrkraft äußern:

  „Was ist eigentlich Gewalt?“

- Die Lehrkraft bespricht anhand der OHP-Folie **M21.5 Gewalt** die Gewaltdefinition der Fachstelle der Gewaltprävention Freiburg:

  „Gewalt ist eine Handlung gegen den Willen anderer mit dem Ziel der Ausgrenzung, Verletzung und Demütigung ohne Regeln oder Schiedsrichter.“

- Zudem werden die Formen von Gewalt vorgestellt und diskutiert.
- Anschließend wird jedem Schüler das Informationsblatt **M21.5 Gewalt** ausgehändigt.

Abschließend werden die vier Karten Gewaltformen **(M21.6)** für alle sichtbar nebeneinander auf den Boden gelegt. Die Lehrkraft liest nun die Situationskarten aus der ersten Phase vor. Die Lerngruppe ordnet diese den einzelnen Formen von Gewalt (körperliche Gewalt, verbale Gewalt, seelische Gewalt) zu und legt sie unter die entsprechende Kategorie. Was gar nicht zuzuordnen ist, wird beiseitegelegt.

65 Hänseleien auf dem Schulhof (1)

Typ:	Rollenspiel
Ort:	drinnen
Dauer:	ca. 45 Min.
Ziele:	Mobbing-Interventionen kennenlernen und auf ihre Wirksamkeit hin analysieren, Empathie für den Mobbingbetroffenen entwickeln
Material:	**Rollenbeschreibungen „Hänseleien auf dem Schulhof“ (M22)**

Vorbereitung:

Die Schüler bilden einen halboffenen Stuhlkreis (der offene Bereich ist die Bühne für das Rollenspiel). An fünf selbstbewusste Schüler, die sich bereit erklärt haben, im folgenden Rollenspiel mitzuwirken, werden die **Rollenbeschreibungen M22 „Hänseleien auf dem Schulhof“** verteilt.

Durchführung:

- Die Schauspieler sollen das auf der Karte der **Rollenbeschreibungen M22 „Hänseleien auf dem Schulhof“** vorgegebene Verhalten im Spiel umsetzen.
- Hierfür wird allen Schülern zunächst diese Ausgangssituation vorgestellt:

Die Ausgangssituation für alle drei Rollenbeschreibungen:

Paula steht mit ihrem Smartphone alleine auf dem Schulhof. Die beiden Freunde Fabienne und Michel sehen Paula und gehen zu ihr, um sie zu hänseln und fertigzumachen. Luka und Florian, zwei Schüler aus der Parallelklasse, werden zufällig Zeugen der Situation.

Auf der Rollenkarte von Paula steht:

Du wirst schon seit Wochen zu jeder Gelegenheit von Michel und Fabienne gehänselt und fertiggemacht. Daher hast du Angst vor ihnen. Du hast keine Kraft mehr, dich gegen deren Angriffe zu wehren. Du hast den Eindruck, dass du ihnen ausgeliefert bist und dir keiner zur Seite steht.

65 Hänseleien auf dem Schulhof (2)

Auf der Rollenkarte von Fabienne und Michel steht:

Ihr findet Paula irgendwie komisch und doof. Seit einigen Wochen nutzt ihr jede Gelegenheit, sie zu hänseln und fertigzumachen (z. B. wegen ihres Aussehens oder ihrer Kleidung). Jetzt seht ihr sie wieder alleine und schutzlos mit ihrem Smartphone auf dem Schulhof stehen. Was für eine Gelegenheit!

Auf der Rollenkarte von Luka und Florian steht:

Ihr werdet zufällig Zeugen davon, wie Fabienne und Michel Paula hänseln und fertigmachen.

Euer Verhalten in der ersten Spielrunde:
Ihr findet das Verhalten von Fabienne und Michel zwar nicht in Ordnung, schaut aber einfach aus der Ferne zu und tut nichts.

Euer Verhalten in der zweiten Spielrunde:
Ihr findet es lustig, was Fabienne und Michel tun, und unterstützt sie, indem ihr Paula ebenfalls hänselt und fertigmacht.

Euer Verhalten in der dritten Spielrunde:
Ihr findet es absolut nicht in Ordnung, was Fabienne und Michel machen. Ihr sagt ihnen das und stellt euch zwischen Paula und ihre beiden Peiniger. Wenn die beiden nicht aufhören, fordert ihr Paula auf, einfach mit euch zu kommen.

- Nachdem die Schüler sich mit ihren Rollen vertraut gemacht haben, werden insgesamt drei Spielrunden gespielt.
- Die Schauspieler der Rollen „Luka und Florian“ sollen sich gemäß des vorgegebenen Verhaltens der jeweiligen Spielrunde in die Situation einbringen.
- Die Beobachter werden aufgefordert, sich das Verhalten von Luka und Florian genauer anzuschauen und darauf zu achten, wie sich dieses auf die Gesamtsituation auswirkt.
- Ein Rollenspiel sollte nicht länger als 5 Minuten betragen.

Reflexionsphase:

Nach jeder Runde wird ein Auswertungsgespräch durchgeführt. Zunächst werden Paula, dann Luka und Florian und abschließend Fabienne und Michel gefragt, wie sie sich momentan in ihrer Rolle fühlen. Dann teilen die Beobachter mit, was sie während der Spielrunde beobachtet haben.

66 Hilfe für ein Mobbingopfer

Typ:	Sensibilisierungsübung, Gruppenarbeit, Präsentation
Ort:	drinnen
Dauer:	40 bis 55 Min.
Ziele:	sich in Mobbingopfer einfühlen können, das Mobbing-System verstehen, konkrete Anti-Mobbing-Strategien für Opfer entwickeln, Verantwortungsbewusstsein fördern, Mobbingopfer unterstützen
Material:	Fallbeispiel „Angelina“ (siehe S. 7 unter Teil I Einführung), OHP-Folien und verschiedenfarbige Folienschreiber für jede Gruppe, OHP

Vorbereitung:

Der Lehrer stellt das Fallbeispiel von Angelina vor.

Durchführung:

- In einer Blitzlichtrunde sollen die Schüler ihre ersten Gedanken zu dem Fallbeispiel äußern.
- In weiteren Gesprächsrunden können beispielsweise folgende Fragen zu Angelinas Situation thematisiert werden:

  - Wie haben die Mobber gegen Angelina agiert?
  - Wie hat sich die Situation für Angelina im Laufe des Mobbings verschlechtert?
  - Wer hätte Angelina helfen können, aus der Mobbingsituation wieder herauszukommen?

Bei der letzten Frage sollte darauf hingearbeitet werden, dass die potenziellen Verteidiger und die neutralen Zuschauer die Mehrheit in einem Mobbing-System bilden und somit eine gute Chance haben, Mobbing-Handlungen gegen das Opfer zu unterbinden, indem sie sich einerseits öffentlich auf die Seite des Mobbingopfers stellen und andererseits die Mobbing-Akteure an der Durchführung ihrer Aktionen hindern.

- Nach der Gesprächsphase bilden die Schüler 4er- bis 6er-Gruppen und erhalten den Auftrag, Ideen zu entwickeln, was die potenziellen Verteidiger und die neutralen Zuschauer tun können, um Angelina zu helfen.
- Die Ergebnisse sollen auf einer OHP-Folie festgehalten werden.
- Für diese Gruppenarbeit haben die Schüler 15 bis 20 Minuten Zeit.
- Anschließend präsentieren die einzelnen Gruppen mit einem Overheadprojektor ihre Ergebnisse.

Reflexionsphase:

Jeder soll sagen, was er tun würde, um Angelina in ihrer Situation zu helfen.

67 Konflikte in der Schule

Typ:	Gruppenarbeit, Standbild
Ort:	drinnen, draußen
Dauer:	45 bis 90 Min.
Ziele:	sich typische Schülerkonflikte bewusst machen, Konfliktlösungsstrategien entwickeln
Material:	–

Vorbereitung:

Die Schüler werden in Gruppen (5 bis 6 Teilnehmer) eingeteilt.

Durchführung:

Gruppenarbeit (15 bis 25 Min.)

- Jede Gruppe erhält die Aufgabe, alterstypische Konflikte zu sammeln.
- Aus dem Pool wählt sie einen Konflikt als Grundlage für die weitere Gruppenarbeit aus.
- Die Gruppe soll zu ihrem Konflikt drei Standbilder (= 3 Eskalationsstufen des Konflikts) stellen:

  1. Stufe: *Situation, die zum Konflikt führt*

  2. Stufe: *der eigentliche Konflikt*

  3. Stufe: *die Verschärfung des Konflikts*

- Die Gruppen dürfen den Raum verlassen, um die Standbilder zu entwickeln und zu proben.

Plenum (10 bis 20 Min. pro Gruppe)

- Die Schüler bilden einen halboffenen Stuhlkreis.
- Der offene Teil wird als Bühne genutzt.
- Die erste Gruppe stellt ihr erstes Standbild vor, die Beobachter beschreiben, was sie sehen.
- Dann wird das zweite Standbild präsentiert, was wiederum von den Beobachtern beschrieben wird.

Reflexionsphase:

Nach der Präsentation und Beschreibung des dritten Standbilds sollen die Schüler Vorschläge machen, wie die Beteiligten im Laufe des Konflikts deeskalierend handeln bzw. wie sie den Konflikt lösen könnten. Danach ist die zweite Gruppe mit der Präsentation ihrer Standbilder an der Reihe.

Die Lösungen können an der Tafel notiert und von den Schüler abgeschrieben werden.

68 Konfliktlösungsstrategien

Typ:	Einzel- und Gruppenarbeit, Rollenspiel
Ort:	drinnen
Dauer:	40 bis 60 Min.
Ziele:	Lösungen für Konflikte entwickeln
Material:	pro Schüler 1 DIN-A5-Blatt, Stift

Vorbereitung:

Die Schüler bilden einen Stuhlkreis. Jeder erhält ein Blatt Papier und einen Stift.

Durchführung:

Einzelarbeit (5 Min.)

- Jeder bekommt die Aufgabe, eine typische Konfliktsituation aufzuschreiben, die er erlebt hat oder die in der Klasse schon vorgekommen ist.
- Derjenige, der fertig ist, legt sein Blatt mit der Rückseite nach oben in die Mitte des Stuhlkreises.

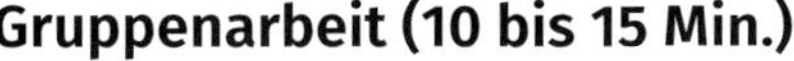

Gruppenarbeit (10 bis 15 Min.)

- Die Schüler werden in Gruppen (4 bis 6 Teilnehmer) eingeteilt.
- Jede Gruppe holt sich ein „Konfliktblatt" aus der Mitte und bereitet ein Rollenspiel vor, in dem der Konflikt nochmals nachgespielt und eine Lösung für den Konflikt aufgezeigt wird.
- Wenn eine Gruppe fertig ist, kehrt sie wieder in den Stuhlkreis zurück.

Plenum (pro Gruppe 5 bis 10 Min.)

- Wenn alle Gruppen die Aufgabe absolviert haben, werden nacheinander die einzelnen Rollenspiele präsentiert.

Reflexionsphase:

Nach jedem Rollenspiel sollen die Beobachter zusammentragen, welche Faktoren zur Lösung des Konflikts beigetragen haben. Abschließend kann nochmals darüber gesprochen werden, welche Lösungsmuster wiederholt auftraten und bei künftigen Konflikten hilfreich eingesetzt werden könnten.

Zur Sicherung der Ergebnisse können die Faktoren an der Tafel notiert und von den Schüler abgeschrieben werden.

69 Mobbing?!

Typ:	Gruppenarbeit
Ort:	drinnen
Dauer:	40 bis 90 Min.
Ziele:	Situationen als Mobbing erkennen, Empathie und Hilfemaßnahmen für Mobbingopfer entwickeln
Material:	OHP-Kopie und Kopien der **Situationsfotos 1 bis 6 (M23.1 bis M23.6)**, OHP, pro Gruppe: 1 Blatt **Aufgaben zum Bild (M23.7)**, Stift

Vorbereitung:

Die Schüler bilden Gruppen (4 bis 6 Teilnehmer). Jede Gruppe erhält ein Szenenfoto der **Situationsabbildungen 1 bis 6 (M23.1 bis M23.6)** und das Blatt **Aufgaben zum Bild M23.7.**

Durchführung:

Gruppenarbeit (10 bis 20 Min.)

- In den Gruppen bearbeiten die Schüler vier Aufgaben zu den Fotos mithilfe des Blatts **M23.7 Aufgaben zum Bild.**
- Die Ergebnisse sollen in Stichpunkten notiert werden:

  1. **Beschreibung des Bilds:**
     Was seht ihr auf diesem Bild?
     Wie verhalten sich die Personen?
  2. **Deutung der Körpersprache:**
     Wie wirken die beteiligten Personen?
     Wie fühlen sich die Personen?
  3. **Erläuterung der Situation:**
     Inwiefern könnte es sich hier schon
     um Mobbing handeln?
  4. **Entwicklung von Hilfemaßnahmen:**
     Wie könntet ihr der Person helfen, die in dieser Situation unter den Handlungen der anderen zu leiden hat?

Plenum (5 bis 10 Min. pro Gruppe)

- Die Gruppen stellen nacheinander ihre Bilder (Projektion der OHP-Folien) und ihre Ergebnisse aus der Gruppenarbeit vor.
- Die Zuhörer können nach jeder Präsentation weitere Hilfsmaßnahmen für die Mobbingopfer nennen.

Reflexionsphase:

Die Schüler äußern sich darüber, was ihnen in Bezug auf Mobbing wichtig geworden ist bzw. welche Gedanken sie zurzeit in Bezug auf diese Einheit beschäftigen.

70 Mobbing-System

Typ:	Sensibilisierungsübung
Ort:	drinnen, draußen
Dauer:	15 bis 25 Min.
Ziele:	sich in die Rollen des Mobbing-Systems eindenken, Empathie für den Mobbingbetroffenen entwickeln
Material:	Rollenkarten **Mobbingtäter (M24.1), Mobbingunterstützer (M24.2), Neutrale Zuschauer (M24.3), Verteidiger des Opfers (M24.4), Mobbingopfer (M24.5)**

Vorbereitung:

Die Schüler bilden einen Stehkreis. In die Mitte des Kreises werden die Rollenkarten **M24.1 bis 24.5** gelegt (siehe Skizze). Der Lehrer stellt den Schülern die verschiedenen Rollen im Mobbing-System[2] vor und deren Verhaltensweisen:

- **Mobbingtäter**
  schikanieren das Opfer und setzen andere unter Druck, ebenfalls zu mobben.
- **Mobbingunterstützer**
  Mitläufer helfen dem Mobbingtäter aktiv bei seinen Aktionen gegen das Opfer, Verstärker unterstützen den Mobbingtäter durch Anfeuerung, Beifall und Mitlachen.
- **Neutrale Zuschauer**
  halten sich aus allem raus, um nicht selbst gemobbt zu werden.
- **Verteidiger des Opfers**
  versuchen, das Opfer zu schützen und die Mobber zu stoppen.
- **Mobbingopfer**
  werden kontinuierlich von den Mobbern fertiggemacht.

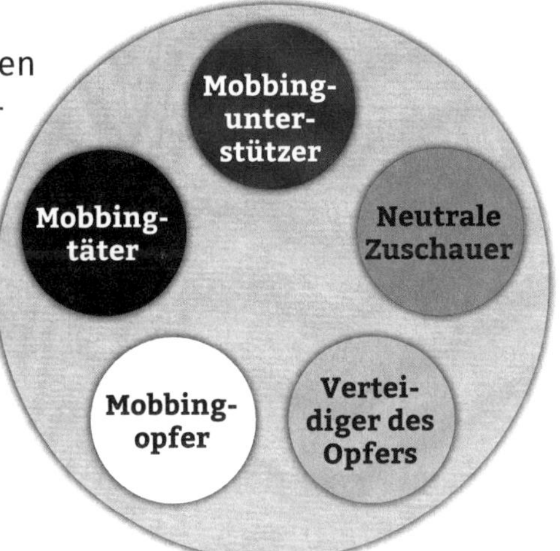

Durchführung:

- Jeder Schüler wählt sich eine Rolle im Mobbing-System aus und stellt sich zu der Rollenkarte.
- Alle Rollen müssen vertreten sein.
- Der Lehrer interviewt einzelne Schüler, beginnt mit den Mobbingtätern und schließt mit dem Mobbingopfer.
- Er will herausfinden, wie sie sich gerade fühlen und welche Gedanken sie haben, wenn sie an das Mobbingopfer denken.
- Diese Antworten sollten kurz begründet werden.

Reflexionsphase:

Die Schüler legen ihre Rolle ab und überlegen gemeinsam, was die neutralen Zuschauer und die Verteidiger gegen die Mobbingsituation tun und wie sie das Mobbingopfer unterstützen können.

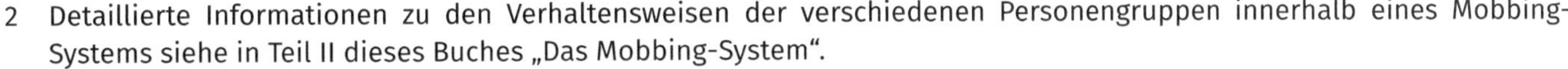

2 Detaillierte Informationen zu den Verhaltensweisen der verschiedenen Personengruppen innerhalb eines Mobbing-Systems siehe in Teil II dieses Buches „Das Mobbing-System“.

71 Streit- und Versöhnungsdialoge

Typ:	Anspiel, Partnerarbeit, Rollenspiel, Unterrichtsgespräch
Ort:	drinnen
Dauer:	30 bis 45 Min.
Ziele:	Ursachen für einen Streit und für eine Versöhnung erarbeiten, versöhnliche Gesprächsführung einüben
Material:	Kopien **Streitdialog (M25.1)** und **Versöhnungsdialog (M25.2)**, Stifte, Tafel

Vorbereitung:

Anspiel: Der Lehrer und ein Schüler spielen eine kurze Szene vor. Der Schüler rempelt den Lehrer an, worauf der Lehrer z. B. antwortet: „Mann! Eh, pass doch auf!“

Vorbereitung der Rollenspiele: Jeder Schüler sucht sich einen Partner. Die Tandems bekommen entweder das Arbeitsblatt **M25.1 Streitdialog** oder **M25.2 Versöhnungsdialog**, sodass sich bezüglich der Bearbeitung die beiden Dialogformen die Waage halten.

Durchführung:

Weiterschreiben der Streit- und Versöhnungsdialoge (15 Min.)

- Die Zweiergruppen haben nun die Aufgabe, auf den Arbeitsblättern den Dialog so weiterzuschreiben, dass es zu einem handfesten Streit **(M25.1)** bzw. zur Versöhnung zwischen beiden Gesprächspartnern **(M25.2)** kommt.
- Die Dialoge sollen nach der Partnerarbeitsphase im Plenum als Rollenspiel vorgestellt werden.
- Die Schüler müssen nicht alle Zeilen vollschreiben.

Darbietung und Auswertung der Rollenspiele (15 bis 30 Min.)

- Nach der Partnerarbeit werden der gesamten Gruppe zunächst die Streitdialoge vorgestellt.
- Die Zuhörer haben die Aufgabe, darauf zu achten, wodurch der Streit eskaliert.
- Nach jedem Rollenspiel wir der Dialog von der Gruppe ausgewertet.
- Die Ursachen und Merkmale werden unter der Überschrift „Das führt zum Streit“ (Beleidigung, Körperkontakt, Drohung, Bereitschaft zur Schlägerei) an der Tafel notiert.
- In einer zweiten Runde wird mit den Versöhnungsdialogen genauso verfahren.
- An der Tafel werden die Aspekte bezüglich einer Versöhnung unter der Überschrift „Das führt zur Versöhnung“ (Entschuldigung, Annahme der Entschuldigung, Angebot einer Entschädigung, Bereitschaft zur Versöhnung) notiert.

M1 Fragebogen zur Klassensituation

Liebe Schülerin, lieber Schüler, in diesem Fragebogen geht es um deine Einschätzung über deine Klasse. Beantworte bitte die einzelnen Punkte.

Kreuze bitte an: ☐ **Mädchen** ☐ **Junge**
Und beschreibe:

1. **Ich fühle mich in meiner Klasse *wohl*, wenn …**

____

____

2. **Ich fühle mich in meiner Klasse *unwohl*, wenn …**

____

____

3. **Kreuze bitte an, was deiner Meinung am ehesten entspricht.**

		stimmt keineswegs	stimmt eher nicht	stimmt eher	stimmt total	weiß ich nicht
1	Ich fühle mich in meiner Klasse wohl.	☐	☐	☐	☐	☐
2	Ich habe in meiner Klasse richtig gute Freundinnen oder Freunde.	☐	☐	☐	☐	☐
3	Ich kann während des Unterrichts konzentriert lernen.	☐	☐	☐	☐	☐
4	Ich leide unter meinen Mitschülerinnen/Mitschülern.	☐	☐	☐	☐	☐
5	Jede/Jeder kann so sein und sich so geben, wie sie/er sein möchte, ohne ausgeschlossen zu werden.	☐	☐	☐	☐	☐
6	Mindestens eine Schülerin/ein Schüler wird von anderen aus der Klasse immer wieder geärgert.	☐	☐	☐	☐	☐
7	In meiner Klasse gibt es keinen Außenseiter.	☐	☐	☐	☐	☐
8	Einige stören ständig den Unterricht.	☐	☐	☐	☐	☐
9	Wenn jemand einen Fehler macht, freuen sich die anderen.	☐	☐	☐	☐	☐
10	Es gibt häufig Ärger und Streit.	☐	☐	☐	☐	☐
11	Wir verstehen uns untereinander richtig gut.	☐	☐	☐	☐	☐
12	Wir helfen uns alle gegenseitig, wenn jemand Hilfe benötigt.	☐	☐	☐	☐	☐
13	Wir gehen freundlich und respektvoll miteinander um.	☐	☐	☐	☐	☐
14	Wir haben eine tolle Klassengemeinschaft.	☐	☐	☐	☐	☐
15	Unsere Lehrerinnen und Lehrer haben Freude daran, mit uns zu arbeiten.	☐	☐	☐	☐	☐

M2 Autogrammjäger

Suche jeweils eine Person, die einer der unten stehenden Aussagen zustimmt.

Tausche dich mit der Person aus und lass dir die Zustimmung durch eine Unterschrift bestätigen. Jede Person darf nur ein Mal auf deinem Autogrammblatt unterschreiben!

Finde eine Person, die ...

... gerne italienisches Essen isst.	... Geschwister hat.
... sich in der letzten Woche gestritten hat.	... einen Hund als Haustier hat.
... in einem Erlebnispark gerne Achterbahn fährt.	... gerne Castingshows im Fernsehen schaut.
... schon einmal außerhalb von Europa Urlaub gemacht hat.	... mit der Zunge ihre Nasenspitze berühren kann.
... das Fach Sport mag.	... im letzten Zeugnis in allen Hauptfächern mindestens die Note „gut" erreicht hat.
... mit dem Bus zur Schule kommt.	... schon einmal von anderen geärgert worden ist.

M3.1 ☺-Entscheidungsschild

M3.2 ☹-Entscheidungsschild

M3.3 😐-Entscheidungsschild

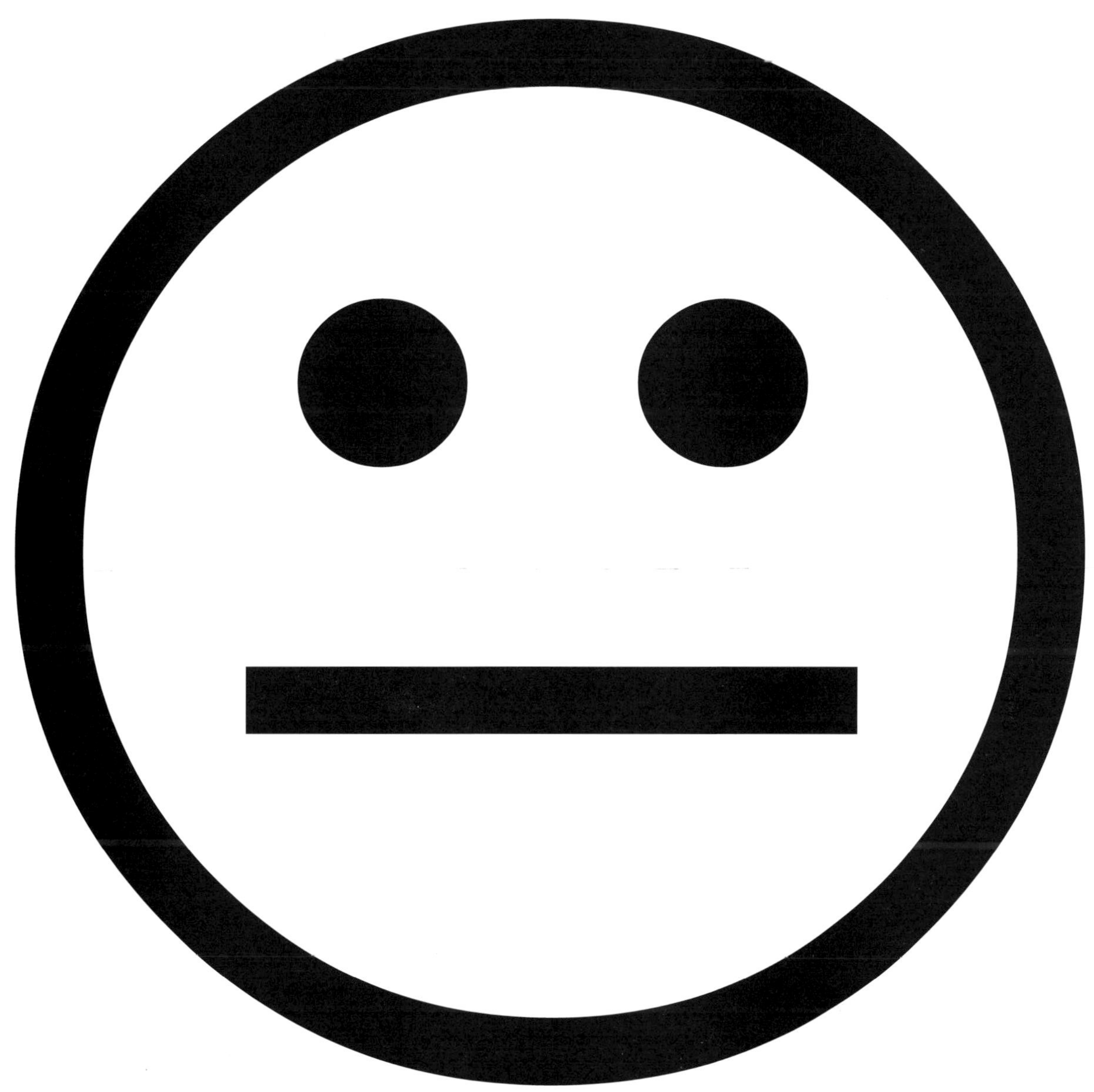

M4 Gesichtsbeschreibung

Beschreibe das Gesicht deiner Partnerin/deines Partners.

Name der beschriebenen Schülerin/des beschriebenen Schülers: ______________________

------------------------------------ *oberen Teil nach hinten knicken* ------------------------------------

Augen	
Nase	
Mund	
Ohren	
Haare	
Gesichtsform	

✂---

Beschreibe das Gesicht deiner Partnerin/deines Partners.

Name der beschriebenen Schülerin/des beschriebenen Schülers: ______________________

------------------------------------ *oberen Teil nach hinten knicken* ------------------------------------

Augen	
Nase	
Mund	
Ohren	
Haare	
Gesichtsform	

M5 Positive Eigenschaften

aktiv, anständig, artig, attraktiv, aufmerksam, aufrichtig, außerordentlich, ausgeglichen

bärenstark, bedeutend, begabt, begeistert, beliebt, besonnen, bewundernswert, brav

charakterfest, charismatisch, charmant, christlich, clever, cool, couragiert

demütig, denkfähig, dezent, diszipliniert, dünn, duldsam, dynamisch

ehrlich, einfühlsam, einmalig, engagiert, erfahren, erfolgreich, erfrischend, erwartungsvoll

fabelhaft, fantasievoll, fantastisch, flexibel, feinfühlig, flink, fortschrittlich, freundlich, friedlich, fröhlich

gebildet, genial, gesellig, gerecht, gewissenhaft, gewitzt, großzügig, gründlich, gut, gutmütig

harmonisch, helle, hellwach, herzlich, hilfsbereit, hochkarätig, höflich, human, humorvoll

idealistisch, ideenreich, informiert, intelligent, interessant, interessiert, ironisch

jugendlich, jung *oder evtl. den Anfangsbuchstaben des Nachnamens*

kämpferisch, klug, komisch, konsequent, korrekt, kräftig, krass, kreativ, künstlerisch

lässig, lebensfroh, lebhaft, leistungsfähig, lebenswichtig, lernfähig, lieb, liebenswürdig, lustig

menschlich, mild, mitfühlend, modebewusst, modern, munter, musikalisch, muskulös, mutig

nachdenklich, naturverbunden, nett, neugierig, niedlich, nützlich

offen, offenherzig, optimistisch, ordentlich, organisiert, originell

pfiffig, pflichtbewusst, poetisch, präzise, produktiv, professionell, putzmunter

qualifiziert, quicklebendig, quirlig *oder evtl. den Anfangsbuchstaben des Nachnamens*

raffiniert, redegewandt, reiselustig, reizend, robust, romantisch, ruhig, rücksichtsvoll

schlagfertig, schlank, schlau, sorgfältig, sozial, spaßig, spontan, sportlich, stark, sympathisch

taktvoll, talentiert, tapfer, tatkräftig, temperamentvoll, tierlieb, tolerant, toll, treu, tüchtig

uneigennützig, unerschrocken, ungewöhnlich, unfassbar, unternehmungslustig, unübertrefflich

verantwortungsbewusst, verehrungswürdig, verlässlich, verzückt, vielgeliebt, vielseitig, vital

wach, warmherzig, willensstark, witzig, wohltätig, wohlwollend, wortgewandt, würdevoll

Anfangsbuchstabe des Nachnamens

Anfangsbuchstabe des Nachnamens

zackig, zärtlich, zart, zeitgemäß, zielsicher, zielstrebig, zuckersüß, zufrieden, zuvorkommend

M6 Steckbrief

Führe mit deiner Partnerin/deinem Partner ein Interview und notiere die Antworten in Stichpunkten auf dem Steckbrief.

Name der Partnerin/des Partners: ______________________________

Anzahl der Geschwister	
Lieblingskleidung	
Lieblingsessen	
Lieblingsfächer in der Schule	
Hobbys	
Besondere Fähigkeiten und Merkmale	
Haarfarbe	
Wohnort	
Sonstiges	

✂- -

Führe mit deiner Partnerin/deinem Partner ein Interview und notiere die Antworten in Stichpunkten auf dem Steckbrief.

Name der Partnerin/des Partners: ______________________________

Anzahl der Geschwister	
Lieblingskleidung	
Lieblingsessen	
Lieblingsfächer in der Schule	
Hobbys	
Besondere Fähigkeiten und Merkmale	
Haarfarbe	
Wohnort	
Sonstiges	

M7.1 Schild A

M7.2 Schild B

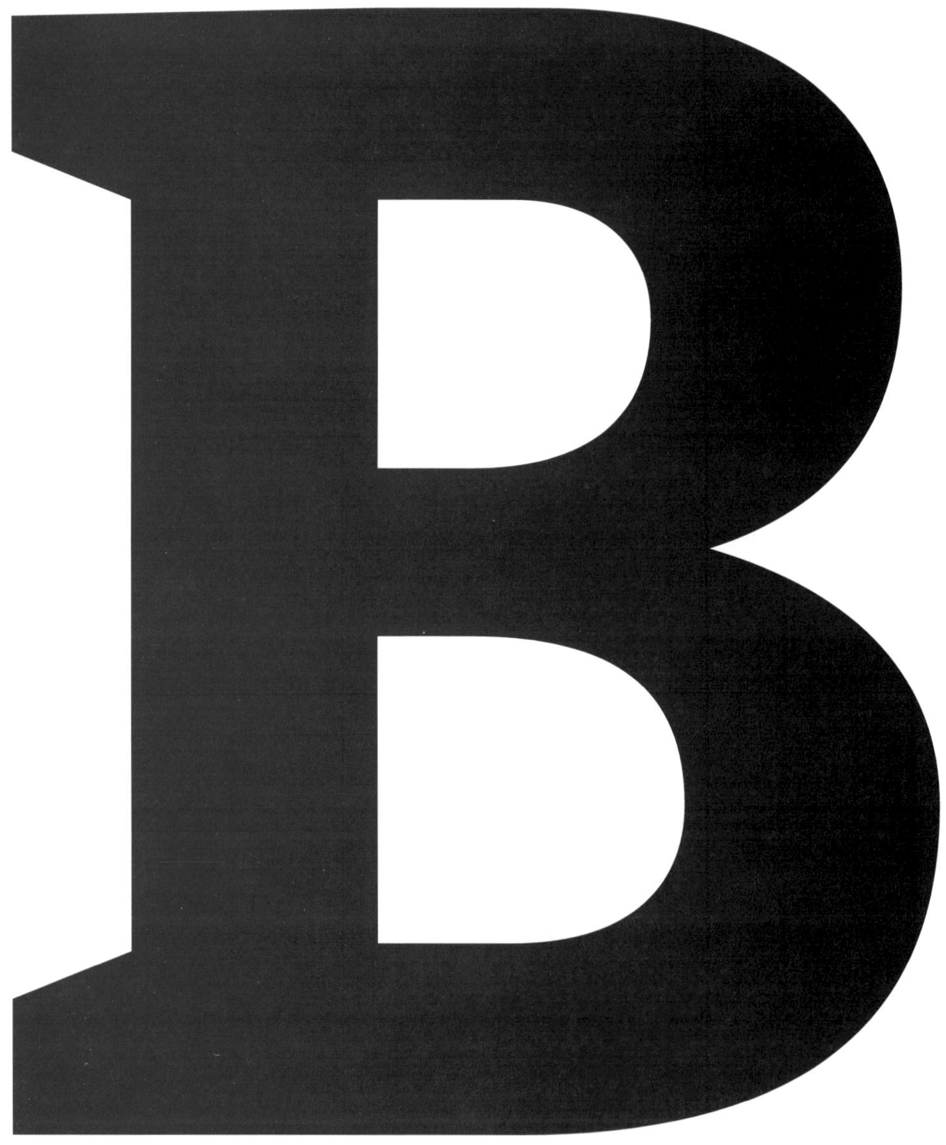

M7.3 Schild C

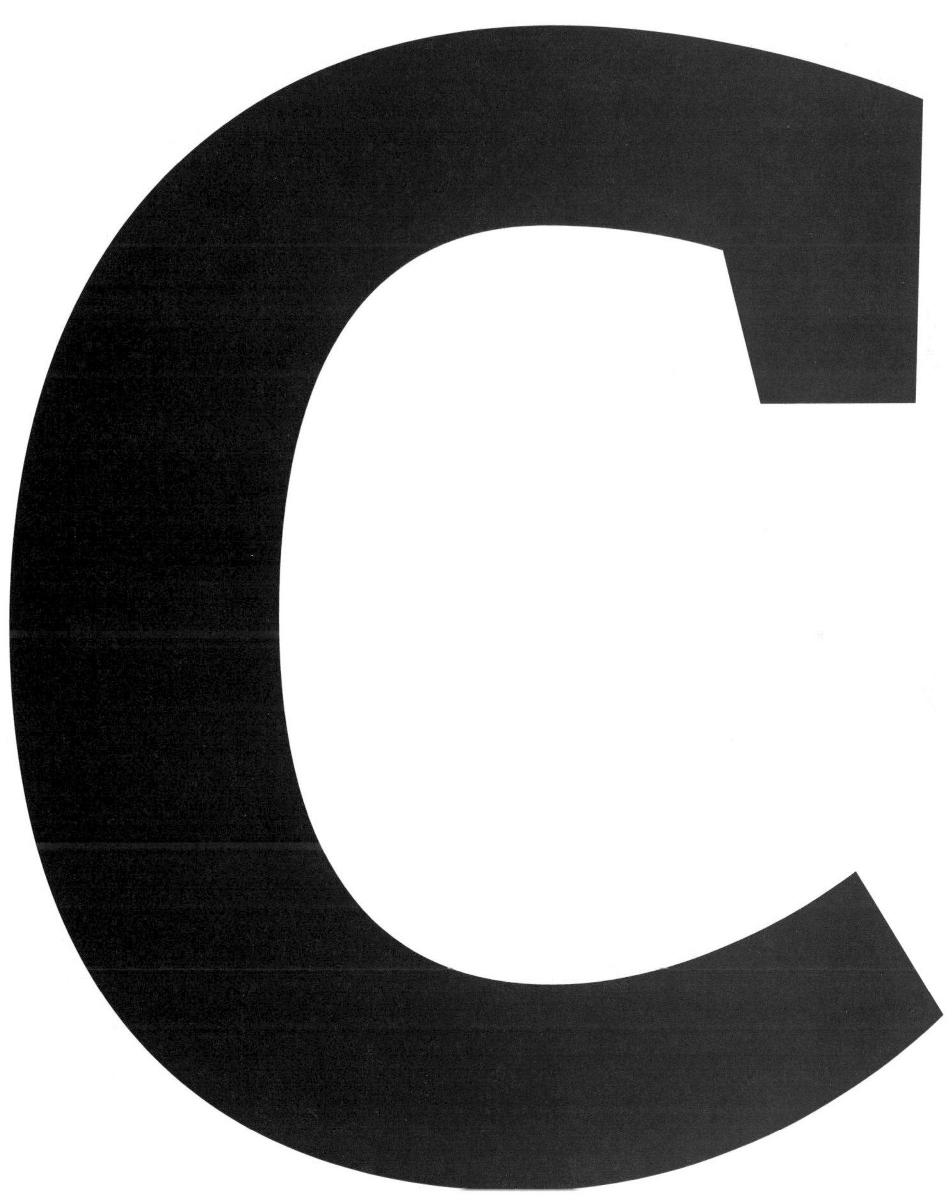

M7.4 Schild D

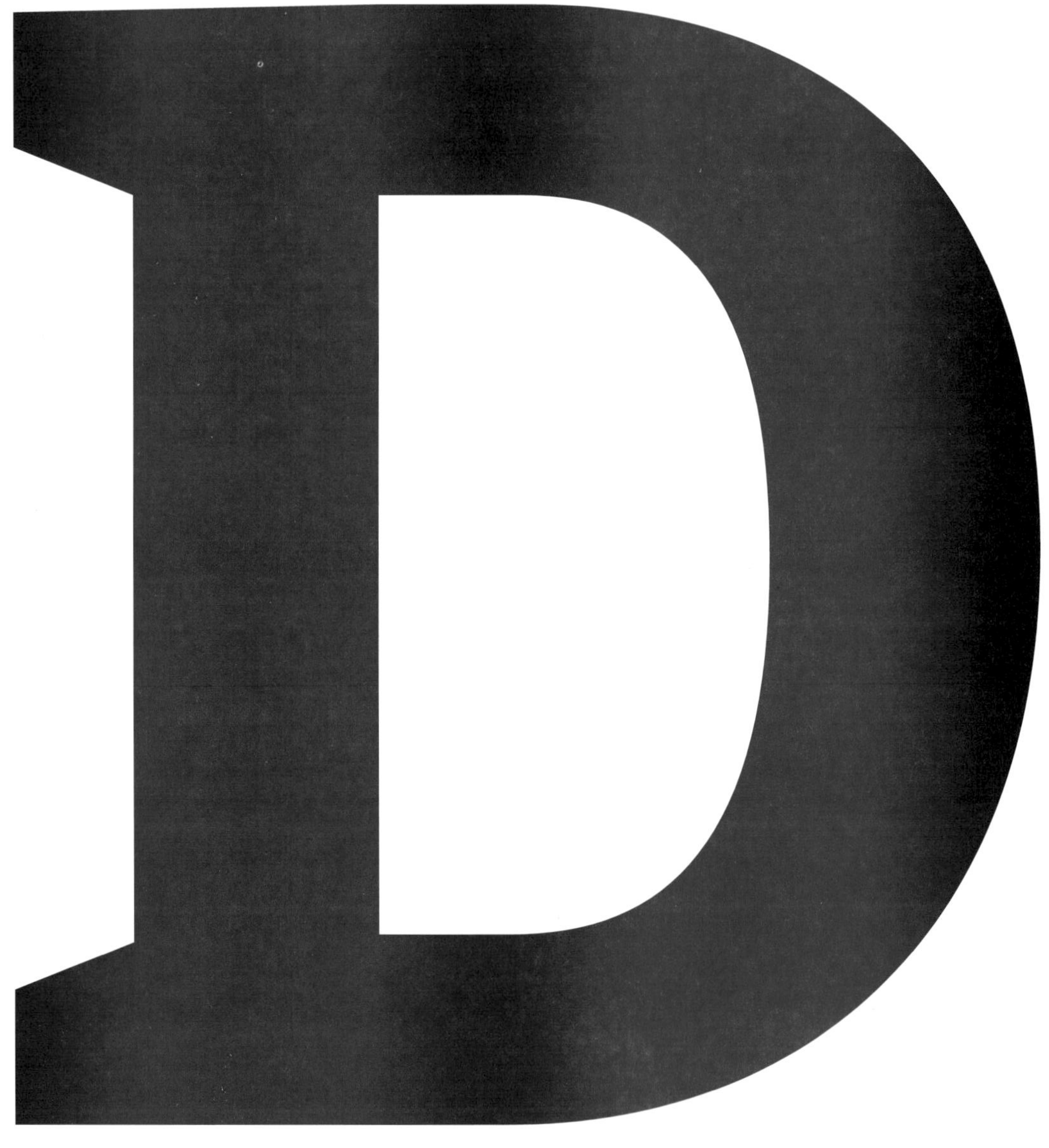

M8 Deine Stärken & Fähigkeiten

Name der Partnerin/des Partners: ______________________________

Kreuze das an, was deine Partnerin/dein Partner deiner Meinung nach gut kann:

- O Du bist klug.
- O Du ziehst etwas durch, wenn du es willst.
- O Du hast eine witzige Art.
- O Du bist stark.
- O Du hast gute Ideen.
- O Du kannst gut beobachten.
- O Du kannst dir gut Dinge merken.
- O Du bist selbstbewusst.
- O Du hast einen starken Willen.
- O Du bist sportlich.
- O Du kannst erkennen, ob ein anderer gut oder schlecht drauf ist.
- O Du kannst gut backen oder kochen.
- O Du kannst gut arbeiten.
- O Du bist ein höflicher Mensch.
- O Du bist handwerklich begabt.
- O Du kannst gut malen/zeichnen.
- O Du kannst ein Musikinstrument spielen.
- O Du bist mutig.
- O Du bist großzügig und teilst gerne.
- O Du bist nett.
- O Auf dich kann man sich verlassen.
- O Du machst anderen Mut.
- O Du bist offen zu anderen Menschen.
- O Du bist freundlich.
- O Du gibst nicht so leicht auf.
- O Du nimmst auf andere Rücksicht.
- O Du bist ordentlich.
- O Du kannst anderen Menschen gut zuhören.
- O Du bist immer locker drauf.
- O Du kannst gut andere Menschen einschätzen.
- O Du verstehst mathematische Zusammenhänge sehr schnell.
- O Du bist für jeden Spaß zu haben.
- O Du kannst gut organisieren (z. B. Feten, Klassenfeiern).
- O Du kennst dich mit Technik aus (z. B. Computer).
- O Du zeigst Mitgefühl mit anderen Menschen (z. B. sind dir andere nicht egal).
- O Du hast Geduld und Ausdauer.
- O Du verbreitest gute Laune.
- O Dich bringt nichts aus der Fassung.
- O Du kannst andere begeistern und mitziehen.
- O Du lässt dich nicht unterkriegen.
- O Du kannst dich gut in andere Menschen hineinversetzen.
- O Du bist kreativ.
- O Du kannst gut Englisch.
- O ______________________________
- O ______________________________
- O ______________________________

M9 Was ich an dir gut finde

Name: ______________________________

Schreibe auf, welche Charaktereigenschaften, Stärken oder Fähigkeiten du an deiner Mitschülerin/deinem Mitschüler (Name oben) schätzt. Schreibe mindestens einen Gesichtspunkt auf. Wenn du fertig bist, gib dieses Blatt bitte an deinen linken Nachbarn weiter. Wenn das Blatt vollgeschrieben ist, nutze die Rückseite.

M10 Schülerliste für die warme Dusche

Vorname	**Positives Feedback** (→ Charaktereigenschaften, Fähigkeiten, positive Erlebnisse)

M10 Schülerliste für die warme Dusche

Vorname	**Positives Feedback** (→ Charaktereigenschaften, Fähigkeiten, positive Erlebnisse)

M11.1 Respekt – gegenüber Schülern und Lehrern

M11.2 Verantwortung – für sich selbst, andere und Material

M11.3 Förderung der Fähigkeiten und der Persönlichkeit jedes Einzelnen

M11.4 Respekt

Respekt

M11.5 Verantwortung

Verantwortung

M11.6 Förderung

Förderung

M12 Was wir brauchen, um uns in unserer Klasse wohlzufühlen

Phase 1 (Einzelarbeit, 🕐 5 Min.):

- Was brauchst du, damit du dich in deiner Klasse wohlfühlst? Schreibe vier Wünsche auf!

1. ______________________________

2. ______________________________

3. ______________________________

4. ______________________________

Phase 2 (Partnerarbeit, 🕐 5 Min.):

- Stellt euch gegenseitig eure Wünsche aus der Phase 1 vor.
- Einigt euch auf vier Aspekte, die eurer Meinung nach wichtig sind, damit ihr euch in eurer Klasse wohlfühlt. Schreibt sie auf.

1. ______________________________

2. ______________________________

3. ______________________________

4. ______________________________

Phase 3 (6er-Gruppenarbeit, 🕐 10 Min.):

- Stellt euch gegenseitig eure Aspekte aus der Phase 2 vor.
- Diskutiert darüber, was ihr am wichtigsten findet, damit ihr euch in der Klasse wohlfühlt. Einigt euch wiederum auf vier Aspekte.
- Stellt eure Wünsche nach der Gruppenarbeitsphase im Plenum vor und begründet sie.

1. ______________________________

____

2. ______________________________

____

3. ______________________________

____

4. ______________________________

____

M13.1 Gefühle erraten

Name: ____

Person	Mein vermutetes Gefühl	Dargestelltes Gefühl	Punkte
1			
2			
3			
4			
5			
6			
7			
8			
9			
10			
11			
12			
13			
14			
15			
16			
17			
18			
19			
20			
21			
22			
23			
24			
25			
26			
27			
28			
29			
30			
		Gesamtpunktzahl:	

M13.2 Gefühle

ängstlich
ärgerlich
arrogant/überheblich
aufgeregt
ausgeglichen
beleidigt
begeistert
dankbar
einsam
enttäuscht
erschüttert
eklig
erleichtert
erstaunt/überrascht
geborgen
gereizt
gestresst
gierig
glücklich/froh

hilflos
interessiert
misstrauisch
mutig
neidisch
panisch
sauer/wütend
schüchtern
selbstbewusst
stark
stolz
schuldig
schwach
sicher
traurig
ungeduldig
unsicher
verletzt
verliebt

M14 Mein guter Wunsch für dich

Name: ___________________________

Schreibe auf, was du deiner Mitschülerin/deinem Mitschüler (Name oben) Gutes wünschst. Wenn du fertig bist, gib dieses Blatt bitte an deinen linken Nachbarn weiter. Du kannst die Rückseite beschreiben, falls auf der Vorderseite kein Platz mehr ist.

M15.1 Quadrat 1

Hinweis: Die Quadratteile kopieren, laminieren und mit einer Schneidemaschine ausschneiden.

M15.2 Quadrat 2

Hinweis: Die Quadratteile kopieren, laminieren und mit einer Schneidemaschine ausschneiden.

M15.3 Quadrat 3

Hinweis: Die Quadratteile kopieren, laminieren und mit einer Schneidemaschine ausschneiden.

M15.4 Quadrat 4

Hinweis: Die Quadratteile kopieren, laminieren und mit einer Schneidemaschine ausschneiden.

M15.5 Quadrat 5

Hinweis: Die Quadratteile kopieren, laminieren und mit einer Schneidemaschine ausschneiden.

M16 Das Haus vom Nikolaus

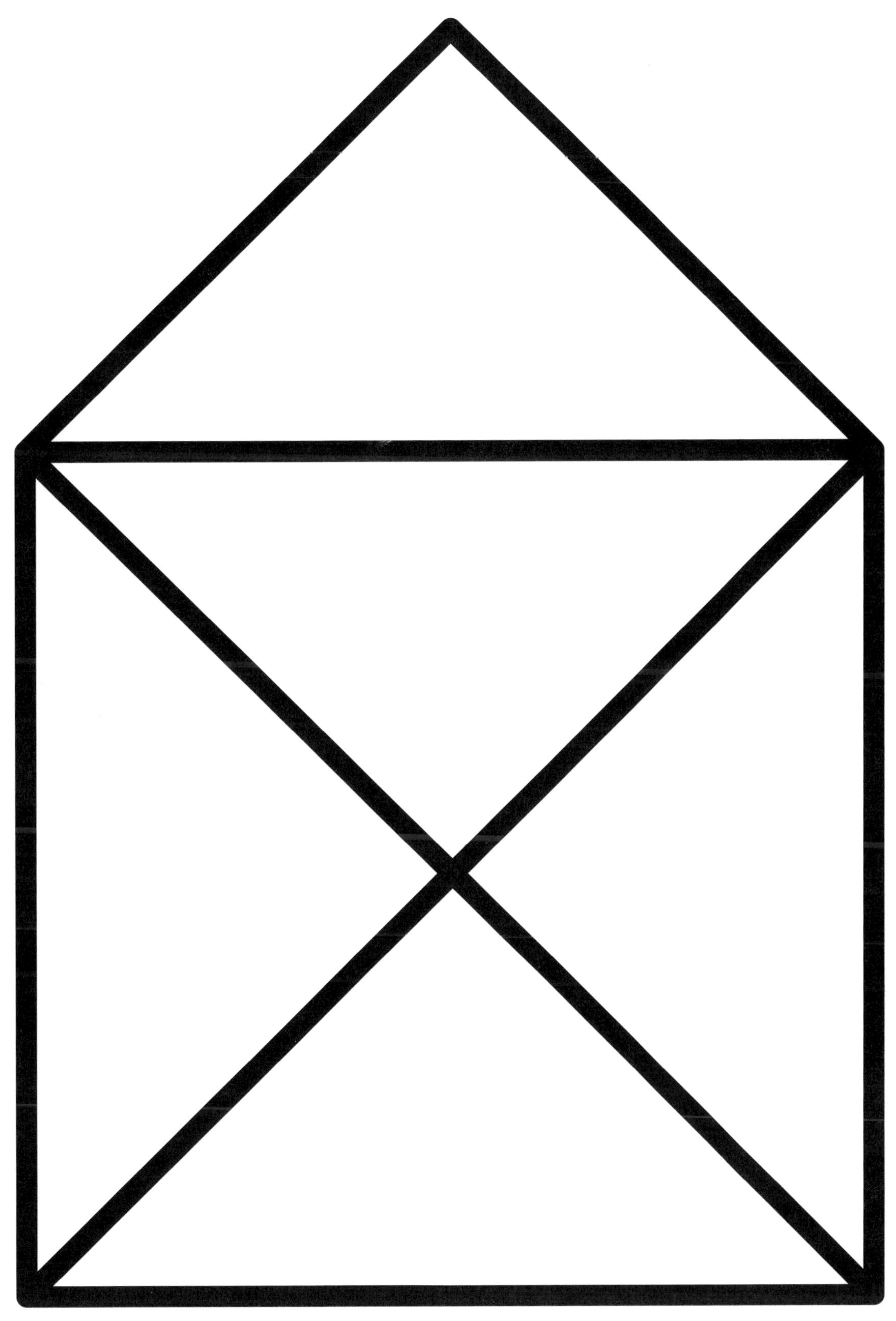

M17 Rollenkarten

Du kannst nicht reden.	Du kannst nicht reden.
Du kannst nichts sehen.	Du kannst nichts sehen.
Du kannst nur flüstern.	Du kannst nur flüstern.
Du kannst nur flüstern und nichts sehen.	Du kannst nur flüstern und nichts sehen.
Du kannst nur auf einem Bein stehen.	Du kannst nur auf einem Bein gehen.
Du kannst nur hüpfen.	Du kannst nur hüpfen.
Du kannst dich gar nicht bewegen.	Du kannst dich gar nicht bewegen.
Du kannst nicht gehen.	Du kannst nicht gehen.
Du kannst deine Arme nicht benutzen.	Du kannst deine Arme nicht benutzen.
Du kannst nur rückwärtsgehen.	Du kannst nur rückwärtsgehen.
Du kannst nur auf dem Boden robben.	Du kannst nur auf dem Boden robben.
Du kannst nur wie ein Roboter laufen.	Du kannst nur wie ein Roboter laufen.
Du kannst nicht reden und dich nicht bewegen.	Du kannst nicht reden und dich nicht bewegen.
Du hast keine körperlichen Einschränkungen.	Du hast keine körperlichen Einschränkungen.

Hinweis: Das Blatt kopieren und die Karten anschließend ausschneiden.

M18.1 Wortkarten 1 – Mobbing-Akteure

fertigmachen

unter Druck setzen

ausgrenzen

auslachen

Nachrichten schreiben

Fotos machen

beleidigen

Unwahrheiten erzählen

Hinweis: Das Blatt auf Größe DIN-A3 kopieren und die Karten ausschneiden.

M18.2 Wortkarten 2 – Mobbing-Akteure

hänseln

Sachen beschädigen

lästern

anrempeln

schlagen

erpressen

Täter sein

überlegen sein

Hinweis: Das Blatt auf Größe DIN-A3 kopieren und die Karten ausschneiden.

M18.3 Wortkarten 3 – Mitläufer und Verstärker

Vorurteile haben
Gruppendruck erleben
mitlachen
in der Clique sein
mitmachen
dazugehören wollen
Spaß haben
Beifall klatschen

Hinweis: Das Blatt auf Größe DIN-A3 kopieren und die Karten ausschneiden.

M18.4 Wortkarten 4 – Zuschauer und Verteidiger

schweigen

wegschauen

raushalten

feige sein

Mut haben

helfen

Zivilcourage zeigen

respektvoll behandeln

Hinweis: Das Blatt auf Größe DIN-A3 kopieren und die Karten ausschneiden.

M18.5 Wortkarten 5 – Mobbingbetroffener

Opfer sein

nicht zur Schule gehen

Außenseiter sein

frustriert sein

geärgert werden

krank werden

Hilfe suchen

anders sein

Hinweis: Das Blatt auf Größe DIN-A3 kopieren und die Karten ausschneiden.

M18.6 Wortkarten 6 – Mobbingbetroffener

keine Freunde haben

sich zurückziehen

Angst haben

sich verstecken

zu Hause bleiben

schlechte Noten haben

einsam sein

schwach sein

Hinweis: Das Blatt auf Größe DIN-A3 kopieren und die Karten ausschneiden.

M19 Esel-Puzzle

Hinweis: Das Blatt kopieren, die Puzzleteile ausschneiden und in einen Umschlag stecken.

M20.1 Ärgermitteilung

Ausgangssituation

Eine Person wirft dir in der Klasse aus Versehen einen Ball gegen den Kopf. Dir tut anschließend der Kopf weh.

Beispiel für eine aggressive Anmache:

„Was soll denn das, du Blödmann! Willst du einen in die Fresse haben?“

Das Problem bei einer aggressiven Anmache liegt darin, dass man den anderen beleidigt und provoziert. Es besteht außerdem die Gefahr, dass der Konflikt sich hochschaukelt und mit Gewalt ausgetragen wird. Außerdem wird dem anderen unterstellt, dass er einem mit Absicht den Ball gegen den Kopf geworfen hat.

Beispiel für eine freundliche Beschwerde:

1. **Tat in einer Du-Botschaft benennen**
   Sage dem anderen mit einem einleitenden „Du“, was dich gestört hat:
   „Du hast mir eben den Ball gegen den Kopf geworfen.“
2. **Gefühl in einer Sachbotschaft benennen**
   Sage dem anderen mit einem einleitenden „Das“, warum dich das gestört hat:
   „Das hat mir ziemlich wehgetan!“
3. **Gewünschtes Handeln benennen**
   Sage dem anderen, was er in Zukunft tun soll:
   „Pass doch bitte mehr auf und wirf mir den Ball nicht mehr gegen den Kopf!“

Das Ziel einer freundlichen Beschwerde ist es, einen Konflikt ohne Gewalt zu lösen. Deshalb wird die andere Person in den drei Schritten weder beleidigt noch provoziert. Es wird nur das Verhalten, nicht aber die Person selbst kritisiert. Durch eine freundliche Beschwerde kann die andere Person die Kritik besser annehmen und ist eher dazu bereit, meinen Wunsch in Zukunft umzusetzen.

M20.2 Konfliktsituationen

Jemand hört im Bus mit seinen Bluetooth-Lautsprechern viel zu laut Musik. Du verstehst dein eigenes Wort nicht mehr.	Zwei Mitschüler lachen über einen Jungen, weil dessen Eltern arbeitslos sind.
Jemand nimmt dein Mäppchen vom Tisch, ohne dich zu fragen.	Zwei Jungen hänseln einen anderen. Das findest du nicht in Ordnung.
Jemand rempelt dich aus Versehen auf dem Schulhof an.	Zwei Jungs versperren einem Rollstuhlfahrer den Weg.
Jemand schreibt einfach die Hausaufgaben aus deinem Heft ab, ohne dich zu fragen.	Jemand tritt mehrere Male einen kleinen Hund.
Jemand nimmt dir aus Spaß deine Kappe weg.	Ein Mitschüler beleidigt ein türkisches Mädchen als „türkische Knoblauchfresserin“.
Jemand setzt sich in der Klasse auf deinen Stuhl.	Jemand schreibt in einem Chat einen blöden Kommentar, der dir nicht gefällt.
Zwei Jungs spielen Fußball in einem Gang. Du sitzt da schon eine Weile mit anderen.	Drei Mädchen ärgern die ganze Zeit ein anderes Mädchen, was du unfair findest.
Auf dem Schulhof lässt dich jemand bei einem Spiel nicht mitspielen.	Du siehst wie ein Klassenkamerad das Matheheft eines Mitschülers mit einem Eddingstift beschmiert.
Jemand spuckt die ganze Zeit vor dich auf den Boden, was du ziemlich eklig findest.	Ein größerer Junge zwingt einen kleineren Mitschüler, ihm seine Hausaufgaben zu geben.
Jemand drängelt sich in der Schlange vorm Bus vor.	Deine Freundinnen lästern über die Figur eines dicken Mädchens, das an einer schlimmen Krankheit leidet.

Hinweis: Das Blatt kopieren und laminieren und anschließend die Karten ausschneiden.

M21.1 Ist das Gewalt?

Bewerte die folgenden Situationen in einer Skala zwischen 0 und 10, ob sie mit Gewalt zu tun haben. Die einzelnen Werte bedeuten:

0: Die genannte Situation hat deiner Meinung gar nichts mit Gewalt zu tun.
1 bis 9: Abstufungen der Gewalt von „kaum Gewalt“ (1) bis „fast eindeutig Gewalt“ (9)
10: Die aufgezeigte Situation ist deiner Ansicht nach eindeutig Gewalt.
?: Du kannst diese Situation nicht in die Skala einordnen.

Keine Gewalt → Gewalt

Situation	?	0	1	2	3	4	5	6	7	8	9	10
1. Jemand wird anonym angerufen und beleidigt.												
2. Ein Fußballfan pöbelt die Anhänger des gegnerischen Vereins an.												
3. Ein Jugendlicher küsst seine Freundin, obwohl sie es nicht will.												
4. Ein Jugendlicher bemalt mit einem Stift die Sitze in der S-Bahn.												
5. Ein Metzger schlachtet Kälbchen, die er anschließend zu Wurst verarbeitet.												
6. Ein Lehrer stellt eine schüchterne Schülerin vor der ganzen Klasse bloß.												
7. Eine Mitschülerin wird wegen ihrer Klamotten ausgegrenzt.												
8. In WhatsApp wird über einen Mitschüler gelästert.												
9. Bei einem Fußballspiel foult einer seinen Gegenspieler.												
10. Ein Autofahrer fährt zu schnell durch ein Wohngebiet.												
11. Ein Junge wird aus Spaß geschlagen und dabei gefilmt.												
12. Ein Mann lässt seinen Kampfhund frei laufen.												
13. Ein Jugendlicher erpresst jemanden und droht mit Prügel.												
14. Ein Schüler wird gezwungen, anderen seine Hausaufgaben zu geben.												
15. Ein Mädchen wird wegen ihres Aussehens gehänselt.												
16. Ein Schüler hindert andere durch störendes Verhalten beim Lernen.												

Keine Gewalt → Gewalt

M21.2 Gewalt oder keine Gewalt?

✂---

0 0 0 0 0 0 0 0 0 0 0 0

Keine Gewalt

0 0 0 0 0 0 0 0 0 0 0 0

✂---

10 10 10 10 10 10 10 10 10 10 10 10

Gewalt

10 10 10 10 10 10 10 10 10 10 10 10

✂---

Hinweis: Das Blatt kopieren und die Karten ausschneiden.

M21.3 Situationskarten 1 zum Thema „Gewalt“

1. Jemand wird anonym angerufen und beleidigt.	5. Ein Metzger schlachtet Kälbchen, die er anschließend zu Wurst verarbeitet.
2. Ein Fußballfan pöbelt die Anhänger des gegnerischen Vereins an.	6. Ein Lehrer stellt eine schüchterne Schülerin vor der ganzen Klasse bloß.
3. Ein Jugendlicher küsst seine Freundin, obwohl sie es nicht will.	7. Eine Mitschülerin wird wegen ihrer Klamotten ausgegrenzt.
4. Ein Jugendlicher bemalt mit einem Stift die Sitze in der S-Bahn.	8. In WhatsApp wird über einen Mitschüler gelästert.

Hinweis: Das Blatt kopieren und die Karten ausschneiden.

M21.4 Situationskarten 2 zum Thema „Gewalt“

9. Bei einem Fußballspiel foult einer seinen Gegenspieler.

13. Ein Jugendlicher erpresst jemanden und droht mit Prügel.

10. Ein Autofahrer fährt zu schnell durch ein Wohngebiet.

14. Ein Schüler wird gezwungen, anderen seine Hausaufgaben zu geben.

11. Ein Junge wird aus Spaß geschlagen und dabei gefilmt.

15. Ein Mädchen wird wegen ihres Aussehens gehänselt.

12. Ein Mann lässt seinen Kampfhund frei laufen.

16. Ein Schüler hindert andere durch störendes Verhalten beim Lernen.

Hinweis: Das Blatt kopieren und die Karten ausschneiden.

M21.5 Gewalt

Gewaltdefinition

Gewalt ist eine Handlung
gegen den Willen anderer
mit dem Ziel der Ausgrenzung,
Verletzung und Demütigung
ohne Regeln oder Schiedsrichter.
(Fachstelle Gewaltprävention Freiburg)

Formen von Gewalt

- **Körperliche Gewalt**
  - Kneifen, Schläge, Tritte usw.
  - Gebrauch von Waffen
  - Zerstörung von Gegenständen
- **Verbale Gewalt**
  - Schimpfworte
  - Drohungen
  - Demütigungen
- **Seelische Gewalt**
  Gezielte Verunsicherung und Einschüchterung durch Provokationen, Drohgesten, Erpressungen oder Ausgrenzungen (z. B. Mobbing)

M21.6 Gewaltformen

körperliche Gewalt

verbale Gewalt

seelische Gewalt

Hinweis: Das Blatt auf DIN-A3-Format kopieren und die Karten ausschneiden.

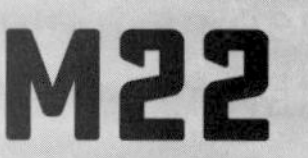

M22 Rollenbeschreibungen „Hänseleien auf dem Schulhof“

✂--

1. Ausgangssituation:

Paula steht mit ihrem Smartphone alleine auf dem Schulhof. Die beiden Freunde Fabienne und Michel sehen Paula und gehen zu ihr, um sie zu hänseln und fertigzumachen. Luka und Florian, zwei Schüler aus der Parallelklasse, werden zufällig Zeugen der Situation.

Rollenbeschreibung für „Paula“:

Du wirst schon seit Wochen zu jeder Gelegenheit von Michel und Fabienne gehänselt und fertiggemacht (z. B. wegen deines Aussehens oder deiner Kleidung). Daher hast du Angst vor ihnen. Du hast keine Kraft mehr, dich gegen deren Angriffe zu wehren. Du hast den Eindruck, dass du ihnen ausgeliefert bist und dir keiner zur Seite steht.

✂--

2. Ausgangssituation:

Paula steht mit ihrem Smartphone alleine auf dem Schulhof. Die beiden Freunde Fabienne und Michel sehen Paula und gehen zu ihr, um sie zu hänseln und fertigzumachen. Luka und Florian, zwei Schüler aus der Parallelklasse, werden zufällig Zeugen der Situation.

Rollenbeschreibung für „Fabienne und Michel“:

Ihr findet Paula irgendwie komisch und doof. Seit einigen Wochen nutzt ihr jede Gelegenheit, sie zu hänseln und fertigzumachen (z. B. wegen ihres Aussehen oder ihrer Kleidung). Jetzt seht ihr sie wieder alleine und schutzlos mit ihrem Smartphone auf dem Schulhof stehen. Was für eine Gelegenheit!

✂--

3. Ausgangssituation:

Paula steht mit ihrem Smartphone alleine auf dem Schulhof. Die beiden Freunde Fabienne und Michel sehen Paula und gehen zu ihr, um sie zu hänseln und fertigzumachen. Luka und Florian, zwei Schüler aus der Parallelklasse, werden zufällig Zeugen der Situation.

Rollenbeschreibung für „Luka und Florian“:

Ihr werdet zufällig Zeugen davon, wie Fabienne und Michel Paula hänseln und fertigmachen.

- Euer Verhalten in der **ersten Spielrunde**: Ihr findet das Verhalten von Fabienne und Michel zwar nicht in Ordnung, schaut aber einfach aus der Ferne zu und tut nichts.
- Euer Verhalten in der **zweiten Spielrunde**: Ihr findet es lustig, was Fabienne und Michel tun und unterstützt sie, indem ihr Paula ebenfalls hänselt und fertigmacht.
- Euer Verhalten in der **dritten Spielrunde**: Ihr findet es absolut nicht in Ordnung, was Fabienne und Michel machen. Ihr sagt ihnen das und stellt euch zwischen Paula und ihre beiden Peiniger. Wenn die beiden nicht aufhören, fordert ihr Paula auf, einfach mit euch zu kommen.

✂--

M23.1 Situation 1

M23.2 Situation 2

M23.3 Situation 3

M23.4 Situation 4

M23.5 Situation 5

M23.6 Situation 6

M23.7 Aufgaben zum Bild

Macht euch zu jeder Aufgabe kurze Notizen, damit ihr euer Ergebnis besser vor der ganzen Klasse vorstellen könnt.

1. Beschreibung des Bildes:
   - Was seht ihr auf diesem Bild?
   - Wie verhalten sich die Personen?
2. Deutung der beteiligten Personen?
   - Wie fühlen sich die Personen?
3. Erläuterung der Situation:
   - Inwiefern könnte es sich hier schon um Mobbing handeln?
4. Entwicklung von Hilfemaßnahmen:
   - Wie könntet ihr der Person helfen, die in dieser Situation unter den Handlungen der anderen zu leiden hat?

✂---

Macht euch zu jeder Aufgabe kurze Notizen, damit ihr euer Ergebnis besser vor der ganzen Klasse vorstellen könnt.

1. Beschreibung des Bildes:
   - Was seht ihr auf diesem Bild?
   - Wie verhalten sich die Personen?
2. Deutung der Körpersprache:
   - Wie wirken die beteiligten Personen?
   - Wie fühlen sich die Personen?
3. Erläuterung der Situation:
   - Inwiefern könnte es sich hier schon um Mobbing handeln?
4. Entwicklung von Hilfemaßnahmen:
   - Wie könntet ihr der Person helfen, die in dieser Situation unter den Handlungen der anderen zu leiden hat?

✂---

Macht euch zu jeder Aufgabe kurze Notizen, damit ihr euer Ergebnis besser vor der ganzen Klasse vorstellen könnt.

1. Beschreibung des Bildes:
   - Was seht ihr auf diesem Bild?
   - Wie verhalten sich die Personen?
2. Deutung der Körpersprache:
   - Wie wirken die beteiligten Personen?
   - Wie fühlen sich die Personen?
3. Erläuterung der Situation:
   - Inwiefern könnte es sich hier schon um Mobbing handeln?
4. Entwicklung von Hilfemaßnahmen:
   - Wie könntet ihr der Person helfen, die in dieser Situation unter den Handlungen der anderen zu leiden hat?

M24.1 Mobbingtäter

Mobbingtäter

M24.2 Mobbingunterstützer

Mobbingunterstützer

M24.3 Neutrale Zuschauer

Neutrale Zuschauer

M24.4 Verteidiger des Opfers

Verteidiger des Opfers

M24.5 Mobbingopfer

Mobbingopfer

M25.1 Streitdialog

Aufgabe: Schreibt den Dialog so weiter, dass es zu einem Streit kommt.

A: Mann! Eh, pass doch auf!

B: ______

A: ______

B: ______

A: ______

B: ______

A: ______

B: ______

A: ______

B: ______

A: ______

B: ______

M25.2 Versöhnungsdialog

Aufgabe: Schreibt den Dialog so weiter, dass es zu einem versöhnlichen Ausgang kommt.

A: Mann! Eh, pass doch auf!

B:

A:

B:

A:

B:

A:

B:

A:

B:

A:

B:

M26 Vertrag

VERTRAG

Konfliktpartei A ______________________

Konfliktpartei B ______________________

Konfliktart

- ○ Meinungsverschiedenheit
- ○ Ablehnung bei Teilnahme/Mitarbeit
- ○ Beleidigung
- ○ Verleumdung
- ○ Vertrauensbruch
- ○ Sachbeschädigung
- ○ Entwendung
- ○ Körperliche Gewalt
- ○ ______________________
  ____

Wir haben am ___.___.______ folgende Vereinbarung getroffen:

____

____

____

____

Bestätigung durch Unterschriften:

______________	______________	______________
Konfliktpartei A	**Konfliktpartei B**	**Mediator/in**

Nachtreffen am ____.____.________

Vereinbarung eingehalten? ○ Ja ○ Nein

Konfliktpunkte: ______________________

Erneutes Gespräch erforderlich? ○ Ja ○ Nein

Gespräch am ____.____.________ Unterschrift Mediator/in: ______________

M27 Fragebogen zu deiner persönlichen Situation

Lies die Aussagen durch und kreuze an, inwiefern diese bei dir zutreffen.	**ja**	**teil-weise**	**nein**
1. Ich fühle mich zurzeit nicht wohl.	O	O	O
2. Andere sprechen abfällig über mich oder machen sich über mich lustig.	O	O	O
3. Ich werde beleidigt oder mit Spottnamen beschimpft.	O	O	O
4. Ich werde aufgrund meines Aussehens oder meiner Kleidung fertiggemacht.	O	O	O
5. Ich werde wegen meiner Familie oder meiner Hobbys erniedrigt.	O	O	O
6. Über mich werden Unwahrheiten oder Gerüchte erzählt oder in Chats gepostet.	O	O	O
7. Über mich werden peinliche Fotos oder Filme verbreitet.	O	O	O
8. Mir werden verachtende Blicke zugeworfen oder abfällige Gesten gezeigt.	O	O	O
9. Meine Handlungen werden von anderen verächtlich nachgeäfft.	O	O	O
10. Ich werde für Dinge beschuldigt, die ich nicht getan habe.	O	O	O
11. Ich werde bedroht, unter Druck gesetzt oder erpresst.	O	O	O
12. Ich werde unterbrochen oder ignoriert, wenn ich etwas sagen will.	O	O	O
13. Ich werde ausgegrenzt oder ausgeschlossen (z. B. bei Gruppenarbeiten, Spielen, Unternehmungen, Gesprächen).	O	O	O
14. Andere nehmen mich nicht wahr oder sprechen nicht mit mir.	O	O	O
15. Andere wollen nichts mit mir zu tun haben oder neben mir sitzen.	O	O	O
16. Meine Sachen werden versteckt oder gestohlen.	O	O	O
17. Mein Eigentum wird beschädigt oder verschmutzt.	O	O	O
18. Ich werde gezwungen, anderen meine Sachen (z. B. Hausaufgaben, Geld, persönliche Dinge) zu geben.	O	O	O
19. Ich werde angerempelt, geschubst oder mir wird ein Bein gestellt.	O	O	O
20. Ich werde mit Sachen beworfen.	O	O	O
21. Ich werde auf dem Nachhauseweg von anderen gejagt.	O	O	O
22. Ich werde mit der Hand oder der Faust geschlagen.	O	O	O
23. Ich werde getreten.	O	O	O

Wie oft erlebst du die Handlungen, die du bei Nr. 2 bis Nr. 23 mit „ja" oder „teilweise" angekreuzt hast?
O täglich O mehrmals in der Woche O wöchentlich O mehrmals im Monat O monatlich

Wie viele Personen sind bei diesen Attacken (Nr. 2 bis Nr. 23) gegen dich beteiligt?
O 1 Person O 2 bis 4 Personen O mehr als 4 Personen O die ganze Klasse

Wie lange bist du schon diesen Handlungen (Nr. 2 bis Nr. 23) ausgesetzt? Länger als ...
O 1 Jahr O ½ Jahr O 2 Monate O 1 Monat O 2 Wochen O 1 Woche O 1 Tag

Vielen Dank für deine Auskunft!

M28 Mobbing-Tagebuch

Name:		Vorname:	Klasse:
Datum/Uhrzeit	**Handlungen: Was ist passiert?**	**Wer sind die Täter?**	**Gibt es Zeugen? Wer?**

1 | Das Mediationsverfahren[3]

Ein Konflikt kann sich zu Mobbing weiterentwickeln, wenn er nicht gelöst wird. Daher macht es Sinn, Konflikte mithilfe eines Mediationsverfahrens zu bearbeiten. Mediation ist ein Konfliktbearbeitungsmodell, das auf Freiwilligkeit basiert, mit einem überschaubaren Reglement auskommt und einen übersichtlichen Ablauf hat. Das Ziel einer Mediation ist der Konsens (Win-win-Lösung), eine Lösung, von der beide Seiten profitieren und mehr Vorteile als Nachteile haben. Das Mediationsverfahren durchläuft fünf Phasen.

Die beteiligten Konfliktparteien werden als Experten in den Konfliktlösungsprozess eingebunden. Dadurch wird eine autonome, deutlich selbstverantwortete Problemlösung gefördert, bei der die Beteiligten in ihrer Persönlichkeit ernst genommen werden. Den beiden Kontrahenten wird die benötigte Zeit gegeben, um miteinander ins Gespräch zu kommen und ihren Streit zu lösen. Es gibt also keinen schnellen „Schiedsspruch" von oben, der den Konflikt oberflächlich beendet, sondern die Konfliktgegner können sich ohne Zeitdruck wieder aufeinander zubewegen. Der ganze Konflikt wird somit entschleunigt und die Aggressionen der Konfliktpartner werden entschärft. Den Konfliktparteien wird Gelegenheit gegeben, gemeinsam Handlungsalternativen zu entwickeln, die ihr Zusammenleben in Zukunft verbessern.

Um ein Mediationsgespräch angemessen moderieren zu können, verfügt ein Mediator über folgende Grundhaltungen und Fähigkeiten. Er muss

- unparteiisch sein.
- den Gesprächsinhalt vertraulich behandeln.
- ein hohes Maß an Empathie für die Gesprächspartner besitzen.
- Gespräche strukturiert und Erfolg versprechend moderieren können.
- die vereinbarten Gesprächsregeln durchsetzen.
- den Konfliktparteien aufmerksam zuhören können.

2 | Fünf Phasen der Mediation

Phase 1: Einleitung – Begrüßung und Regeln

Die Kontrahenten treffen sich mit dem Mediator in einem neutralen Raum. Die Konfliktgegner sind zu Beginn des Gesprächs meistens noch sehr aufgebracht. Deshalb redet in der ersten Phase fast ausschließlich der Mediator. Dies dient dazu, die emotionsgeladene Situation zu entspannen und zur Ruhe zu kommen. Zudem erfahren die Konfliktparteien, was sie in diesem Gespräch erwartet. Das

3 Ausführliche Informationen zum Mediationsverfahren in: Benner, Tilo: Cool bleiben statt zuschlagen! Bausteine zur Ausbildung von Schülermediatoren. 8.–10. Klasse, Hamburg 2014

schafft Sicherheit. ***Ziel der ersten Phase*** ist, eine konstruktive Atmosphäre zu schaffen. Der Mediator weist auf seine Rolle als unparteiischer Moderator hin, erläutert den Ablauf des Verfahrens, zeigt die Grundregeln des Mediationsgesprächs auf und benennt die Zielsetzung einer Mediation.

Die Rolle des Moderators:

- unparteiische Leitung des Gesprächs
- Hilfestellung bei der Suche nach Lösungen
- Vertraulichkeit

Der Ablauf des Verfahrens:

1. Einleitung
2. Berichte über den Konflikt
3. Ursachen des Konflikts
4. gemeinsame Lösungssuche
5. Abschluss: Vereinbarung und Vertrag

Die Grundregeln des Gesprächs:

- sich gegenseitig ausreden lassen
- den anderen nicht beleidigen
- die Inhalte vertraulich behandeln

Die Zielsetzung der Mediation:

- eine gemeinsame Lösung finden, mit der alle einverstanden sind

Abschließend fragt der Moderator die Konfliktparteien, ob sie die Regeln anerkennen und ob noch etwas unklar ist. Das Gespräch wird erst fortgesetzt, wenn die Konfliktgegner den Regeln und der Durchführung des Mediationsgesprächs zugestimmt haben.

Phase 2: Konfliktdarstellung – Berichte zum Konflikt

Die Konfliktparteien dürfen nun nacheinander ihre subjektive Wahrnehmung des Konflikts ohne Störungen durch die andere Partei mitteilen und ihre Sicht des Konflikts darlegen. Die Kommunikation findet nicht direkt zwischen den beiden Konfliktparteien statt, sondern nur zwischen dem Mediator und den Beteiligten, um die Spannung zwischen den Beteiligten zu lösen. ***Ziel dieser zweiten Phase*** ist, dass die Sichtweisen der Konfliktparteien nacheinander geklärt werden und alle Gesprächsteilnehmer die unterschiedlichen Standpunkte verstehen und nachvollziehen können.

Zu Beginn der zweiten Phase werden die Kontrahenten gefragt, wer zuerst aus seiner Sicht den Konflikt darlegen will. Wenn sich die beiden nicht einigen können, kann man losen. Die Konfliktparteien haben nun nacheinander die Möglichkeit, von den Konfliktereignissen zu berichten. Jeder schildert den Konflikt aus seiner eigenen Perspektive, so wie er ihn subjektiv erlebt hat. Wichtig ist, dass jeder ausreden darf und nicht unterbrochen wird.

Der Mediator wendet die Methode des Aktiven Zuhörens an, damit er selbst und die Parteien die Positionen besser verstehen und Letztere sich ernst genommen fühlen. Für die Konfliktparteien ist es dadurch leichter, von ihrem Konflikt zu berichten. Ein minutenlanger Monolog ohne Hilfestellung würde ihnen schwerfallen und sie demotivieren, das Mediationsgespräch fortzusetzen. Der Mediator stellt deshalb seinen Gesprächspartnern immer wieder Fragen („Und wie hast du darauf reagiert?"). Er formuliert Inhalte um, damit z. B. die Schärfe aus einer Aussage genommen wird (bspw. die Aussage des Gesprächspartners „Da hat dieser Blödmann mich einfach umgerempelt". Der Mediator formuliert: „Als Thomas dich umgerempelt hat, hat dich das ganz schön wütend gemacht."). Er fasst von Zeit zu Zeit die Aussagen der Teilnehmer zusammen („Habe ich das richtig verstanden, dass du …?"). Damit ein geordnetes Gespräch ablaufen kann, achtet der Mediator darauf, dass die vereinbarten Regeln (ausreden lassen, keine Beleidigungen bzw. Beschimpfungen) eingehalten werden. Sollten die Konfliktpartner die Regeln verletzen, werden sie freundlich und bestimmt ermahnt, dass ihr Verhalten nicht in Ordnung gewesen ist und sofort einzustellen ist. Bei Unterbrechungen kann der Störer darauf hingewiesen werden, dass er nachher an der Reihe ist und aus seiner Sicht den Sachverhalt schildern kann.

Abschließend fasst der Mediator die Standpunkte und Sichtweisen der einzelnen Konfliktparteien zusammen. Er hebt die Gemeinsamkeiten und Unterschiede bzw. Widersprüche der Darstellungen hervor.

Phase 3: Konflikterhellung – Ursachen des Konflikts

Bei der Konflikterhellung geht es darum, die Konflikthintergründe zu erkunden, die Gefühle und Interessen zu beleuchten, die Konfliktparteien für die Gegenseite zu sensibilisieren und die direkte Kommunikation zu fördern. ***Ziel der dritten Phase*** ist, dass die persönliche Konfliktbedeutung von der anderen Konfliktpartei verstanden und nachvollzogen werden kann.

Der Mediator versucht, durch Fragen herauszufinden, was der Konflikt für die einzelnen Konfliktparteien bedeutet und welche Ursachen für den Konflikt maßgebend waren. Es geht nun vordergründig um die Frage, warum es zum Konflikt gekommen ist. Persönliche Interessen und Gefühle, die durch das Verhalten des anderen ausgelöst wurden, spielen in einem Konflikt eine große Rolle. Deshalb ist es wichtig, dass die Beteiligten diesbezüglich ihre Gefühle aussprechen. Dies kann durch offene Fragen („Was hat das bei dir ausgelöst?", „Wie hast du dich gefühlt, als Thomas das zu dir sagte?") gefördert werden.

Der Mediator spiegelt bei Bedarf die Emotionen hinter den Aussagen der Gesprächsteilnehmer (Aussage als Frage betont, die das hinter der Aussage vermutete Gefühl ausdrückt), um die Konfliktparteien zu befähigen, ihre Gefühle zu artikulieren („Das hat dich ganz schön wütend gemacht?", „Du bist sehr enttäuscht?").

Der Mediator versucht, bei beiden Konfliktparteien Verständnis für die Gegenseite herzustellen („Kannst du nachvollziehen, dass Peter der Fleck auf der neuen Hose geärgert hat?"). Es soll erreicht werden, dass sich die Konfliktparteien durch einen Perspektivwechsel in die Lage des anderen hineinversetzen und dessen Gefühle nachvollziehen. Auch die Förderung von Ich-Botschaften ist für diesen Prozess hilfreich.

Oft ist es nützlich, die Kontrahenten zu fragen, wie es ihnen mit diesem Konflikt geht. Wenn sich beide in der Weise äußern, dass sie sich damit schlecht fühlten, ist dies eine gute Voraussetzung dafür, dass sie etwas an ihrer Situation in positiver Hinsicht ändern wollen.

Wenn die Gesprächssituation entspannter geworden ist, kann der Mediator die direkte Kommunikation zwischen den Konfliktparteien fördern („Sag das Thomas mal direkt!").

Zum Schluss werden die Gefühle und Konflikthintergründe kurz vom Mediator zusammengefasst.

Phase 4: Gemeinsame Lösungssuche

Erst wenn die Konfliktparteien Verständnis für die Handlungen und Motive der Gegenseite entwickelt haben, kann mit der Lösungssuche begonnen werden. Die Konfliktpartner erarbeiten weitgehend selbstständig eine gemeinsame Lösung für ihren Streitfall. Die Kommunikation sollte möglichst direkt zwischen den Konfliktparteien ablaufen. ***Ziel der vierten Phase*** ist, dass die Konfliktgegner lösungsorientierte Erwartungen und Angebote schildern.

Die Konfliktparteien tauschen sich darüber aus, wie sie in Zukunft wieder miteinander klarkommen können. Der Mediator weist darauf hin, es gehe primär nicht darum, dass beide Konfliktparteien von nun an Freunde werden müssen, sondern darum, sich in Zukunft wieder normal und ohne Aggressionen begegnen zu können. Fragen nach den Wünschen und Erwartungen („Was wünscht du dir von ...?", „Was erwartest du von ...?") und den Angeboten („Welches Angebot machst du?", „Wozu bist du bereit?") unterstützen den Lösungsprozess. Auch kreative Methoden wie z. B. Brainstorming können eingesetzt werden.

Der Mediator muss gerade in dieser Phase sensibel dafür sein, die Konfliktparteien nicht zu einer Lösung zu manipulieren. Die von den Konfliktparteien genannten Vorschläge werden gesammelt und bei Bedarf auf Moderationskarten geschrieben. Die Lösungsvorschläge werden nun auf ihre Nachhaltigkeit hin überprüft. Lösungen, die nicht von beiden Seiten akzeptiert werden, scheiden aus. Außerdem müssen die Lösungsansätze umsetzbar, fair, dem Konfliktfall angemessen und konkret genug sein, damit beide Konfliktpartner wissen, wie sie in Zukunft handeln sollen.

Oft wird von den Konfliktparteien vorgeschlagen, dass sie sich in Zukunft einfach aus dem Weg gehen wollen. Der Mediator sollte diese Lösung akzeptieren, aber gleichzeitig darauf hinweisen, dass es sporadisch doch zu einem Zusammentreffen kommen könnte und sie sich darauf verständigen sollten, wie sie dann miteinander umgehen wollen.

Der Mediator gibt abschließend die von den Gesprächsteilnehmern gemeinsam verantwortete Vereinbarung wieder.

Phase 5: Abschluss – Vertrag

In der fünften Abschlussphase wird die gefundene Konsenslösung (mit möglichst vielen Vorteilen für beide Seiten!) als Vereinbarung schriftlich (z. B. in dem **Vertrag M26**) fixiert, nochmals laut vom Mediator vorgelesen und von den Vertragspartnern unterschrieben. Zudem wird die Einigung durch Handschlag bei Blickkontakt bestätigt. Der Vertrag wird kopiert und den Konfliktparteien ausgehändigt. Das Original verbleibt beim Mediator. Alle Gesprächsteilnehmer vereinbaren ein Nachtreffen, das zwei bis vier Wochen später stattfinden sollte und in dessen Rahmen nachgeprüft wird, ob die Vertragsinhalte eingehalten worden sind. Die Konfliktparteien werden darauf hingewiesen, dass sie bei Bedarf jederzeit den Mediator aufsuchen können, wenn z. B. die Absprachen von einer Seite nicht eingehalten werden, und dass alles Gesagte vertraulich behandelt werden soll.

Der Mediator dankt abschließend den Konfliktparteien für die Mitarbeit und verabschiedet sich mit Handschlag und Blickkontakt.

Hinweis: Sobald eine Mobbingsituation besteht und sich bereits verfestigt hat, kann man diese nicht mehr durch präventive Maßnahmen (wie z. B. ein Mediationsverfahren) oder Programme (wie z. B. ein präventives Klassentraining gegen Mobbing) lösen. Bei bestehendem Mobbing hilft nur noch Intervention.

1 | Mobbing erkennen

Mobbing als solches zu erkennen ist keine einfache Aufgabe, denn die Attacken der Mobbing-Akteure laufen meist verdeckt und auf den ersten Blick nicht klar ersichtlich ab. Um Mobbing auf die Spur zu kommen, sollten erste Anzeichen (z. B. ein abfälliger Kommentar eines Schülers gegenüber einem Mitschüler) ernst genommen und unter einer mehrfachen Perspektive näher beobachtet werden:

- **Perspektive auf die Signale des potenziellen Mobbingbetroffenen**
  Sind bei näherem Hinsehen Veränderungen des Schülers bezüglich seines Verhaltens, seiner Körpersprache oder seiner Position innerhalb der Gruppe erkennbar? Haben sich Gesundheitszustand oder schulische Leistungen verschlechtert?
- **Perspektive auf die Handlungen der potenziellen Mobbing-Akteure**
  Sind gezielte Aktionen gegen das potenzielle Mobbingopfer zu beobachten?

Sollte sich der Eindruck erhärten (auch durch Einholung von Informationen von weiteren Personen), dass ein Schüler Mobbing-Attacken ausgeliefert ist, sollte der Mobbingbetroffene selbst in einem vertraulichen Gespräch dazu befragt werden. Wichtig ist es, ihm zu signalisieren, dass man ihm helfen und seine Situation verbessern will, aber keine Schritte ohne sein Einverständnis veranlasst.

2 | Mobbing-Fragebogen

Um einen Überblick über die Mobbing-Handlungen zu bekommen, kann der **Fragebogen M27** effizient eingesetzt werden:[4]

Die Aussagen Nr. 2 bis 23 des Mobbing-Fragebogens sind verschiedenen Bereichen von Mobbing-Handlungen zuzuordnen:

- **Aussagen Nr. 2–7:** diffamierende Angriffe auf die Persönlichkeit des Mobbingopfers
- **Aussagen Nr. 8–11:** psychische Attacken gegen den Mobbingbetroffenen
- **Aussagen Nr. 12–15:** sozialer Ausschluss des Opfers
- **Aussagen Nr. 16–18:** Angriffe auf das Eigentum des Mobbingbetroffenen
- **Aussagen Nr. 19–23:** körperliche Gewalt gegen das Mobbingopfer

Der Mobbing-Fragebogen kann auch nützlich sein, um überhaupt erst festzustellen, ob es sich um Mobbing handelt. Es kommt nicht selten vor, dass Schüler subjektiv meinen, sie würden gemobbt, auch wenn es sich objektiv gesehen um einen Konflikt handelt.

Hinweis zur Erhebung und Auswertung des Fragebogens: „Mobbing“ besteht dann, wenn dem Opfer über einen längeren Zeitraum regelmäßig von mehr als einer Person (Hauptakteur und Unterstützer) durch erniedrigende Attacken und Handlungen zugesetzt wird.

4 Ein ausführlicherer Fragebogen, der sogenannte SMOB-Fragebogen mit Auswertungsformular, steht kostenlos zum Download unter www.aol-verlag.de zur Verfügung.

3 | Methode „No Blame Approach“

Das No Blame Approach-Verfahren ist ein handlungsorientierter Ansatz – wie der Name schon sagt – ohne Schuldzuweisung (engl. „blame“). Ziel ist es, die Mobbing-Handlungen gegen den Mobbingbetroffenen zu beenden, was statistisch in über 80 Prozent der Fälle mithilfe dieser Methode gelingt.

In diesem Verfahren werden die Mobbing-Akteure weder beschuldigt noch bestraft, sondern als Unterstützer in den Mobbing-Interventionsprozess involviert. Dazu wird eine Schülergruppe gebildet, die zu gleichen Teilen aus Mobbing-Akteuren (Verstärker und Mitläufer) und aus potenziellen Verteidigern besteht. Deren Aufgabe ist es, als Experten gemeinsam Ideen und Lösungen zu entwickeln, um die Situation des Mobbingbetroffenen zu verbessern. Dadurch wird diesen Schülern – auch den Mobbingtätern – Verantwortung übertragen, den Mobbingbetroffenen positiv zu unterstützen. In dem ganzen Prozess werden die Mobbing-Akteure und der Mobbingbetroffene nicht als solche öffentlich bekundet, noch werden Begriffe rund um das Thema „Mobbing“ von der das Gespräch führenden Lehrkraft genannt. Das gesamte Verfahren läuft in drei Schritten ab und wird von nur einer Lehrkraft durchgeführt.

Schritt 1:
Gespräch mit Mobbingbetroffenen (Dauer: 30 bis 45 Min.)

In diesem Erstgespräch will die Lehrkraft das Vertrauen des Mobbingbetroffenen gewinnen, indem sie ihm die Sicherheit vermittelt, dass sie ihm helfen möchte und dass sich dessen Situation nach der Durchführung des Interventionsverfahrens nicht weiter verschlimmern, sondern mit hoher Wahrscheinlichkeit positiv verändern wird. Zudem wird ihm signalisiert, dass er von nun an nicht alleine in seiner Situation dasteht, sondern dass die Lehrkraft ihm beistehen und sich um ihn kümmern wird, um ihn aus seiner misslichen Lage zu befreien.

Um am Anfang des Gesprächs das Vertrauen aufzubauen und die Beziehung zum Mobbingopfer zu stärken, werden nach einer freundlichen Begrüßung („Schön, dass du da bist!“) zunächst die positiven Aspekte (Hobbys, Vorlieben des Betroffenen) thematisiert.

Dann teilt die Lehrkraft dem Mobbingbetroffenen ihre Beobachtungen und Sorgen mit, die sie selbst oder andere sich machen („Ich habe schon mehrfach beobachtet, dass du in den Pausen alleine abseits von den anderen stehst und ich stelle mir die Frage, ob es einen Grund dafür gibt.“). Dann wird der Gesprächspartner nach seiner aktuellen Situation und Befindlichkeit gefragt („Geht es dir im Moment in der Schule gut? Ich habe den Eindruck, dass es dir im Moment hier in der Schule nicht gut geht. Stimmt das?“).

Nach der Thematisierung der aktuellen Problemlage soll die Sicht des Betroffenen positiv auf die Zukunft und dessen Wünsche gerichtet werden („Stell dir vor, es könnte wieder so sein wie früher. Möchtest du das?“, „Stell dir vor, du hättest drei Wünsche frei. Was würdest du dir wünschen?“).

Während des Gesprächs kann es vorkommen, dass der Mobbingbetroffene nicht daran glaubt, dass seine Lage sich verbessern könnte. Hier ist es wichtig, dass die Lehrkraft deutlich ihr eigenes Interesse und ihr eigenes Engagement in Bezug auf die Situationsverbesserung des Opfers deutlich hervorhebt und ihm Zuversicht vermittelt.

Dann informiert die Lehrkraft den Betroffenen über das geplante Vorgehen und erläutert die Einzelheiten zur Unterstützungsgruppe, die sich aus Personen aus der Klasse zusammensetzt und gemeinsam überlegt, wie sie ihm helfen kann. Um die Unterstützungsgruppe zusammensetzen zu können, erfragt die Lehrkraft Namen von Mitschülern, die der Betroffene gut findet bzw. die sich ihm gegenüber positiv verhalten (z. B. Freunde, sympathische Mitschüler, Sitznachbarn, Klassensprecher) und Namen von Schülern, die sich dem Betroffenen gegenüber negativ verhalten bzw. ihm große Schwierigkeiten bereiten (Mobbing-Akteure, Verstärker, Mitläufer). Zur Entlastung wird dem Betroffenen mitgeteilt, dass er nicht an dem Unterstützungsgruppengespräch teilnehmen wird und niemand bestraft wird, sodass kein neuer Nährboden für schlimmere Mobbing-Aktionen entsteht.

Zum Schluss des Gesprächs wird das Einverständnis des Betroffenen für das weitere Vorgehen eingeholt und geklärt, welche Inhalte des Gesprächs nicht im Unterstützungsgruppengespräch thematisiert werden dürfen. Es wird ein neuer Termin für das Nachgespräch[5] in etwa acht bis vierzehn Tagen vereinbart und dem Betroffenen für seine Offenheit und seinen Mut gedankt.

Schritt 2: Gespräch mit der Unterstützungsgruppe (Dauer: 30 bis 45 Min.)

Ziel dieses Gesprächs ist die Entwicklung von Ideen und Maßnahmen zur Situationsverbesserung des Mobbingopfers.

Im Vorfeld werden die sechs bis acht Mitglieder (50 Prozent Verteidiger und 50 Prozent Mobbing-Akteure, Mitläufer und Verstärker) festgelegt und persönlich zu einem Treffen eingeladen. Bei der Einladung wird der genaue Anlass nicht genannt. Die Eingeladenen werden nur darum gebeten, der Lehrkraft bei der Lösung eines Problems zu helfen. Um die Motivation zur Mitarbeit zu steigern, findet das Treffen innerhalb der Unterrichtszeit statt. Zur Unterstützung kann auch der Klassenlehrer zu diesem Treffen eingeladen werden.

Zu Beginn des Treffens wird jeder mit Namensnennung, Handschlag, Blickkontakt und den Worten „Schön, dass ihr da seid!“ begrüßt und wertgeschätzt. Dann leitet die Lehrkraft zum Zweck des Treffens über („Ihr habt euch sicherlich schon die Frage gestellt, warum ich euch zu diesem Treffen eingeladen habe. Ich benötige unbedingt eure Hilfe und Unterstützung.“). Daraufhin schildert die Lehrkraft ihr Anliegen („Ich mache mir echt Sorgen um einen von euren Mitschülern. N. N. geht es zurzeit nicht gut.“), ohne konkrete Details zu nennen. Wichtig ist, dass die Lehrkraft dabei keine Vorwürfe, sondern nur ihre persönliche Betroffenheit in Ich-Botschaften äußert („Ich bin sehr betroffen, dass es N. N. sehr schlecht geht und nicht mehr zur Schule kommt. Ich will, dass das nicht so bleibt und sich ändert.“).

Nun werden die Gruppenmitglieder als Helfer-Experten angesprochen und wertgeschätzt („Ich habe euch ausgewählt, weil ich denke, dass ihr genau die Richtigen seid, die mir dabei helfen können.“). Nun sollte jedes Mitglied namentlich angesprochen werden und deren positive Eigenschaften und Ressourcen für diese Aufgabe konkret benannt werden (z. B. positives Engagement für andere, gutes Standing in der Klasse, Amt in der Klasse, gute Ideen). Diese Eigenschaften und Ressourcen sollten zuvor mithilfe des Klassenlehrers notiert werden, damit man sie beim Gespräch parat hat.

Dann haben die Schüler die Aufgabe, Vorschläge und Ideen zu sammeln, die dem Betroffenen in seiner Situation helfen können (z. B. morgens begrüßen, freundlich sein, in der Gruppe mitarbeiten lassen, mitspielen lassen, ihm einen netten Brief schreiben, nach der Befindlichkeit befragen, sich im Bus neben ihn setzen). Die Lehrkraft notiert die Aspekte auf Moderationskarten oder einem Flipchartpapier. Wenn alle Ideen und Vorschläge visualisiert worden sind, soll sich jeder mindestens einen Aspekt aussuchen, den er in Zukunft in Bezug auf den Betroffenen umsetzen will.

Während des Gesprächs kann es vorkommen, dass die potenziellen Verteidiger den Mobbingtätern deren Handlungen vorwerfen und sie beschuldigen. Die Lehrkraft sollte alle Beteiligten darauf hinweisen, dass an dieser Stelle nicht der Blick darauf gewendet werden soll, wer was gemacht hat, sondern nach vorne auf die Lösung des Problems geschaut werden soll („In den letzten Wochen sind viele Dinge passiert, die nicht gut gewesen sind. Leider lässt sich das Vergangene nicht mehr ändern. Wir können aber zusammen auf das blicken, was in Zukunft zur Verbesserung der Situation von N. N. getan werden kann.“).

---

5 Siehe weiter unten, Schritt 3: Nachgespräch mit dem Mobbingbetroffenen.

Zum Schluss wird den Beteiligten für die Mitarbeit und die Ideen gedankt und das Vertrauen ausgesprochen („Ich vertraue darauf, dass ihr mir bei dieser Aufgabe helft und ich bin davon überzeugt, dass ihr das auch schafft und umsetzt.“). Zudem werden Nachgespräche in zehn bis vierzehn Tagen vereinbart, um die Situation des Mobbingbetroffenen einzuschätzen. Die Teilnehmer werden darauf hingewiesen, dass der Gesprächsinhalt nicht vertraulich behandelt werden muss. Dies ist sinnvoll, da die Schüler nach dem Treffen meist von ihren Mitschülern gefragt werden, warum sie nicht im Unterricht waren. Zudem werden keine Geheimnisse geschürt und die Mitschüler werden durch die Informationen der Unterstützungsgruppenmitglieder möglicherweise dazu sensibilisiert, ebenfalls dem Mobbingbetroffenen zu helfen. Abschließend werden alle per Handschlag und Blickkontakt verabschiedet.

Zu beachten ist, dass während des gesamten Unterstützer-Gesprächs der Begriff „Mobbing“ nicht benutzt und die Mobbing-Akteure als solche nicht geoutet werden!

Schritt 3: Nachgespräch mit dem Mobbingbetroffenen (Dauer: 15 bis 20 Min.)

Die Lehrkraft fragt den Mobbingbetroffenen nach dessen aktueller Befindlichkeit und Situation. Sollte sich die Gesamtsituation gebessert haben, wird dem Mobbingbetroffenen für sein Vertrauen gedankt und sein Mut gewürdigt. Zudem sollte ihm das Angebot unterbreitet werden, sich bei erneuten Schwierigkeiten wieder an die Lehrkraft zu wenden.

Hat sich die Situation nicht ausreichend positiv verändert, sollte die Lehrkraft das Mobbingopfer darauf hinweisen, dass Veränderungen Zeit benötigen oder sie nochmals mit der gesamten Unterstützungsgruppe sprechen will, um die Situation des Opfers zu verbessern. Zu Letzterem muss unbedingt das Einverständnis des Mobbingbetroffenen eingeholt werden. Zudem sollte ein erneutes Treffen zwischen der Lehrkraft und dem Mobbingbetroffenen nach Ablauf von sieben Tagen vereinbart werden.

Schritt 4: Einzelgespräche mit Unterstützungsgruppenmitgliedern (Dauer: 5 Min.)

Die Lehrkraft führt mit jedem Mitglied der Unterstützungsgruppe ein kurzes Einzelgespräch.

Ziel und Zweck ist nicht die Kontrolle, ob jeder einzelne der Unterstützungsgruppe das umgesetzt hat, was er angekündigt hat, sondern die Information darüber, wie es aktuell dem Mobbingbetroffenen geht. Der Gesprächspartner wird danach gefragt, wie er selbst die Situation des Mobbingopfers wahrnimmt.

Bei positiver Veränderung der Situation wird dem Gesprächspartner für seine Mitarbeit gedankt. Außerdem wird er darum gebeten, weiterhin darauf zu achten, dass die Situation des Mobbingbetroffenen weiterhin gut bleibt oder sich noch weiter verbessert.

Bei nicht ausreichender Veränderung wird ihm für seine Mitarbeit gedankt und ein erneutes Treffen der Unterstützungsgruppe angekündigt.

4 | Die Farsta-Methode

Die Farsta-Methode wurde von einem Team um den Schweden Karl Ljungström entwickelt und jüngst von der Schulmediation Hessen e. V. modifiziert. Die Methode hat ihren Namen von Farsta, einem Stadtteil von Stockholm, erhalten. Dieses handlungsorientierte und leicht umsetzbare Verfahren kann dann eingesetzt werden, wenn das No Blame Approach-Verfahren bereits durchgeführt worden ist, aber zu keiner Verbesserung der Mobbingsituation geführt hat oder wenn das Mobbingstadium schon sehr weit fortgeschritten ist. Im Gegensatz zur Methode „No Blame Approach" wird hier Mobbing explizit thematisiert und die Mobbing-Akteure werden mit ihren Mobbing-Handlungen konfrontiert und zur Rechenschaft gezogen. Sollten die Mobbing-Akteure einsichtig sein und ihre Handlungen einstellen, gehen sie straffrei aus dem Verfahren. Sollten sie aber nicht kooperieren und ihre Handlungen gegen den Mobbingbetroffenen weiter ausführen, folgen zeitnah und konsequent Sanktionen, die sogar bis zum Verweis von der Schule führen können. Bei der Farsta-Methode werden mehrere Schritte durchlaufen, um das Mobbing zu beenden.

Schritt 1: Einzelgespräch mit dem Mobbingbetroffenen

Die Lehrkraft befragt das Mobbingopfer zu seiner momentanen Befindlichkeit und zu den bisher geschehenen Mobbing-Handlungen, welche für die Weiterarbeit notiert werden. Bei der Befragung ist es wichtig, dem Mobbingbetroffenen Sicherheit zu geben, indem ihm zugesagt wird, dass keine weiteren Schritte ohne dessen Einverständnis in Gang gesetzt werden. Zudem sollte ihm Zuversicht vermittelt werden, dass durch das weitere Vorgehen eine Verbesserung seiner Situation zu erwarten ist. Der Mobbingbetroffene erhält die Aufgabe, die bereits geschehenen und die künftigen Mobbing-Handlungen in ein Mobbing-Tagebuch (siehe **M28**) zu notieren, welches die Grundlage für die nachfolgenden Gespräche mit den Mobbing-Akteuren bildet.

Schritt 2: Konfrontative Einzelgespräche mit den Mobbing-Akteuren

Im Vorfeld sucht sich die Lehrkraft einen Kollegen, der in den Gesprächen mit den Mobbing-Akteuren das Protokoll führt. Die unterrichtenden Fachkollegen werden darüber informiert, wann welcher Mobbing-Akteur aus dem Unterricht geholt wird, was natürlich der Geheimhaltung unterliegt, um etwaige Absprachen und geplante Rechtfertigungs- oder Verteidigungsstrategien der Mobbing-Akteure zu vermeiden. Die das Gespräch führende Lehrkraft konfrontiert den Mobbing-Akteur mit den konkreten – im vorherigen Einzelgespräch notierten und im Mobbing-Tagebuch aufgezeichneten – Mobbing-Handlungen und sagt deutlich, dass solche Verhaltensweisen seitens der Schule nicht toleriert bzw. geduldet werden. Sollte der Mobbingtäter sein Verhalten rechtfertigen oder leugnen, geht die Lehrkraft nicht darauf ein. Im weiteren Gesprächsverlauf soll dem Mobbing-Akteur die Chance eingeräumt werden, sich darüber Gedanken zu machen, wie er in Zukunft dem Mobbingbetroffenen angemessen begegnen will, um weitere Mobbing-Handlungen zu verhindern. Die Vereinbarungen werden vom Protokollanten notiert. Zudem wird dem Mobbingtäter mitgeteilt, dass er unter Bewährung steht, was bedeutet, dass er weitreichende Sanktionen zu erwarten hat, wenn er sich nicht an seine Zusagen hält und das Mobbing einstellt.

Schritt 3: Einzelgespräche mit dem Mobbingbetroffenen und den Mobbing-Akteuren

In der Folgezeit werden mehrmals in der Woche kurze Einzelgespräche mit dem Mobbingbetroffenen über seine derzeitige Situation und seine aktuellen Eintragungen in das Mobbing-Tagebuch geführt. Auch die Mobbing-Akteure werden mehrmals pro Woche in Einzelgesprächen darüber befragt, ob sie ihre Zusagen eingehalten haben. Ihre Aussagen können aufgrund der Eintragungen im Mobbing-Tagebuch überprüft werden. Es kann in diesen Gesprächen auch darauf hingearbeitet werden, die Zusagen der Mobbing-Akteure immer weiter in eine positivere Richtung weiterzuentwickeln, dass sie z. B. nicht durch bloße Unterlassung ihrer zuvor getätigten Mobbing-Handlungen die Situation des Mobbingbetroffenen verbessern, sondern sich nun durch aktive positive Unterstützung für den Mobbingbetroffenen oder auch für die Klassengemeinschaft engagieren.

Schritt 4: Gespräch mit Mobbingbetroffenen und Mobbing-Akteuren

Wenn die Mobbing-Akteure ihre Zusagen eingehalten haben und die Mobbing-Handlungen gegen den Mobbingbetroffenen eingestellt haben sowie sich die Gesamtsituation positiv entspannt hat, wird zwischen beiden Parteien ein abschließendes Gespräch geführt. Möglich ist auch, dass im Rahmen dessen ein Täter-Opfer-Ausgleich durchgeführt wird (z. B. Wiederbeschaffungswert für zerstörtes Eigentum des Mobbingbetroffenen). Alle Beteiligten sollen darauf hingewiesen werden, dass die weitere Entwicklung seitens der Schule nachhaltig beobachtet wird.

Schritt 5: Mögliche Sanktionierung der Mobbing-Akteure

Sollten sich alle oder einzelne Mobbing-Akteure nicht an ihre Zusagen halten und die Mobbing-Handlungen gegen das Opfer weiter aufrechterhalten, werden ihnen nach Rücksprache mit der Schulleitung und auf Beschluss der Klassenkonferenz schulrechtliche Sanktionen auferlegt, damit das Mobbing endlich eingestellt wird.

Schritt 6: Klassentraining

Meist kommen Mobbing-Akteur(e) und Mobbingbetroffener aus einer Klasse. Wenn die Mobbingsituation bereinigt ist, kann als Nachsorge in der Klasse ein Training zum Erwerb sozialer Kompetenzen mithilfe der im Buch vorgestellten Bausteine durchgeführt werden.

LITERATUR- UND QUELLENVERZEICHNIS

Bärsch, Tim: 125 Übungen zur Gewaltprävention. Das Praxisbuch für die Anti-Gewalt-und Deeskalationstrainings. Norderstedt 2011.

Benner, Tilo: Cool bleiben statt zuschlagen! Band I: Bausteine zur Gewaltprävention. 5.–9. Klasse. Hamburg 2014.

Benner, Tilo: Cool bleiben statt zuschlagen! Band II: Bausteine zur Ausbildung von Schülermediatoren. 8.–10. Klasse. Hamburg 2014.

Benner, Tilo: 105 Spiele zur Förderung der Soft Skills. Kooperation und Teambildung. 5.–10. Klasse. Hamburg 2014.

Bundeszentrale für politische Bildung (Hg.): Projekt Mobbing – bei uns nicht?! Bonn 2011. (www.bpb.de/lernen/unterrichten/grafstat/46487/projekt-mobbing-bei-uns-nicht).

Blum, Heike; Beck, Detlef: No Blame Approach. Mobbing-Intervention in der Schule. Praxishandbuch. Köln 2012.

Deutsches Jugendherbergswerk Landesverband Hessen e.V. (Hg.): Teamfähigkeit entwickeln – im Team lernen und zusammen arbeiten (Unterrichtsvorschlag Klassenstufen 5–7). Frankfurt am Main 2014.

Eichhorn, Christoph: Classroom-Management: Wie Lehrer, Eltern und Schüler guten Unterricht gestalten. Stuttgart 2015.

Fachhochschule Nordwestschweiz (Hg.): Harmo-Nie? Unterlagen für Unterricht und Ernstfall. Windisch 2014.

Fachstelle Gewaltprävention: Konfliktfähigkeit in Ausbildung und Beruf. Bausteine für Seminare mit SchülerInnen und Auszubildenden. Konflikte verstehen. Kommunikation verbessern. Mediation üben. Mit Gewalt umgehen. Freiburg 2005.

Faller, Kurt; Kernke, Wilfried; Wackmann, Maria: Konflikte selber lösen. Ein Trainingshandbuch für Mediation und Konfliktmanagement in Schule und Jugendarbeit. Mülheim an der Ruhr 2009.

Friedrichs, Birte; Schubert, Nele: Das Klassenlehrer-Buch für die Sekundarstufe. Weinheim und Basel 2013.

Gilsdorf, Rüdiger; Kistner, Günter: Kooperative Abenteuerspiele. Eine Praxishilfe für Schule, Jugendarbeit und Erwachsenenbildung. Seelze-Velber (Band I: 2010; Band II: 2010; Band III: 2013).

Hinsch, Rüdiger; Pfingsten, Ulrich: Gruppentraining sozialer Kompetenzen (GSK). Grundlagen, Durchführung, Anwendungsbeispiele. Weinheim und Basel 2015.

Jannan, Mustafa: Das Anti-Mobbing-Buch. Gewalt an der Schule – vorbeugen, erkennen, handeln. Weinheim und Basel 2015.

Jugert, Gert; Rehder, Anke; Notz, Peter; Petermann, Franz: Fit for Life. Module und Arbeitsblätter zum Training sozialer Kompetenzen für Jugendliche. Weinheim und München 2014.

Jugert, Gert; Rehder, Anke; Notz, Peter; Petermann, Franz: Soziale Kompetenz für Jugendliche. Grundlagen und Training. Weinheim und München 2013.

Kamin, Volker: Teamspiele. Herausfordernde Teamspiele mit Erlebnischarakter. Kassel 2001.

Kasper, Horst: Streber, Petzer, Sündenböcke. Wege aus dem täglichen Elend des Schülermobbings. Lichtenau 2006.

Kilb, Rainer; Weidner, Jens; Gall, Reiner: Konfrontative Pädagogik in der Schule. Anti-Aggressivitäts- und Coolnesstraining. Weinheim und München 2013.

Klippert, Heinz: Methoden-Training. Übungsbausteine für den Unterricht. Weinheim und Basel 2012.

Klippert, Heinz: Teamentwicklung im Klassenraum. Übungsbausteine für den Unterricht. Weinheim. Basel 2012.

Mattes, Wolfgang: Methoden für den Unterricht. Kompakte Übersichten für Lehrende und Lernende. Braunschweig, Paderborn, Darmstadt 2011.

Mittelstädt, Holger; Mittelstädt, Rainer; Tewes, Ferdinand: 99 Tipps – Praxis-Ratgeber Schule für die Sekundarstufe I: Für Klassenlehrer. Berlin 2012.

Münch, Andre; Groh, Jens: Methodenhandbuch zum Training sozialer Kompetenzen und Umgang mit Konflikt, Gewalt und Rassismus in der Jugendbildungsarbeit, Kinder- und Jugendförderung des Odenwaldkreises (Hg.). Erbach 2006.

Myschker, Norbert: Verhaltensstörungen bei Kindern und Jugendlichen. Erscheinungsformen – Ursachen – hilfreiche Maßnahmen. Stuttgart, Berlin, Köln 2014.

Olweus, Dan: Gewalt in der Schule. Bern 2008.

Planz, Karin: Sozialkompetenztraining Eine Seminarreihe zum Training sozialer Kompetenzen, Kultusministerium Hessen (Hg.). Wiesbaden 2013.

Portmann, Rosemarie: Spiele, die stark machen. München 2008.

Portmann, Rosemarie: Spiele zum Umgang mit Aggressionen. München 2004.

Portmann, Rosemarie; Schneider, Elisabeth: Spiele zur Entspannung & Konzentration. München 2004.

Püschel, Helmut: Angry young man. Konfliktlösungs- und Streitschlichtungsprogramm für Schulen. Deutsches Rotes Kreuz. Nottuln 2000.

Püschel, Helmut: Still angry. Arbeitshilfe zum Streitschlichtungs-Programm für Schulen. Deutsches Rotes Kreuz (Hg.). Nottuln o. J.

Reiners, Annette: Praktische Erlebnispädagogik 1: Bewährte Sammlung motivierender Interaktionsspiele, Band 1. Augsburg 2013.

Reiners, Annette: Praktische Erlebnispädagogik 2: Neue Sammlung handlungsorientierter Übungen für Seminar und Training, Band 2. Augsburg 2007.

Rosenberg, Marshall: Gewaltfreie Kommunikation. Eine Sprache des Lebens. Paderborn 2012.

Rosenberg, Marshall: Konflikte lösen durch gewaltfreie Kommunikation. Freiburg 2004.

Remschmidt, Helmut (Hg.): Kinder- und Jugendpsychiatrie. Eine praktische Einführung. Stuttgart, New York 2011.

Runge, Katrin: Super-Sozi.de (http://www.super-sozi.de).

Schäfer, Mechthild; Herpell, Gabriela: Du Opfer! Wenn Kinder Kinder fertigmachen. Der Mobbingreport. Hamburg 2012.

Schulmediation Hessen e.V.: Die Farsta-Intervention (http://www.mobbing.schulmediation-hessen.de/html/farsta.html).

Schulz von Thun, Friedemann: Miteinander reden 1: Störungen und Klärungen. Allgemeine Psychologie der Kommunikation. Hamburg 2010.

Schulz von Thun, Friedemann: Miteinander reden 2: Stile, Werte und Persönlichkeitsentwicklung. Differentielle Psychologie der Kommunikation. Hamburg 2010.

Senninger, Tom: Abenteuer leiten, in Abenteuern lernen: Methodenset zur Planung und Leitung kooperativer Lerngemeinschaften für Training und Teamentwicklung in Schule, Jugendarbeit und Betrieb. Münster 2004.

Taglieber, Walter: Berliner Anti-Mobbing-Fibel. Was tun wenn. Eine Handreichung für eilige Lehrkräfte. Berliner Landesinstitut für Schule und Medien (Hg.). Berlin 2005 (www.bildungsserver.berlin-brandenburg.de/fileadmin/bbb/themen/gewaltpraevention/pdf/ BB-BE_Anti-Mobbing-Fibel.pdf).

Walker, Jamie: Gewaltfreier Umgang mit Konflikten in der Sekundarstufe I. Spiele und Übungen. Berlin 2013.

Wilms, Heiner; Willms, Ellen: Erwachsen werden. Life-Skills-Programm für Schülerinnen und Schüler der Sekundarstufe I. Handbuch für Lehrerinnen und Lehrer. Wiesbaden 2000.

Zimbardo, Philip G.: Psychologie. Siegfried Hoppe-Graff und Barbara Keller (Hg. der deutschen Ausgabe). Berlin 2003.

Medien:

DVD „Let's fight it together" (Original mit deutschen Untertitel auf www.youtube.de oder kostenlos bei www.klicksafe.de zu beziehen).

Abbildungen:

Leitbild der Comenius-Schule Herborn (http://www.comenius-schule-herborn.de/index.php/schule/leitbild-unserer-schule).

Sackstich, Persen Verlag © Andreas Philipp

M23.1 bis M23.6: Situationen 1 bis 6, Foto: Zehra Ada © Tilo Benner/Persen Verlag